AF546257

STEFANIE PFÄFFLE

Heilbronner Geheimnisse

SPANNENDES AUS DER KÄTHCHENSTADT
MIT KENNERN DER HEIMATGESCHICHTE

Pfäffle, Stefanie
Heilbronner Geheimnisse – Spannendes aus der Käthchenstadt – mit Kennern der Heimatgeschichte

HEILBRONNER STIMME in Kooperation mit:
Bast Medien GmbH, St.-Ulrich-Str. 11, 88662 Überlingen (verantwortlich)
1. Auflage 2022
ISBN: 978-3-946581-85-7

Lektorat: Kerstin Schumacher
Covergestaltung: Melanie Kunze
Layout: Homebase – Kommunikation & Design, Melanie Kunze
Satz: Melanie Kunze
Druck: Mohn Media Mohndruck GmbH, Gütersloh

Ein Titel der preisgekrönten Reihe *Geheimnisse der Heimat*

Inhalt

Vorwort

Manch einer meint ja, die Stadt zu kennen, in der man lebt. Überraschungen nach vielen Jahren ausgeschlossen. Andere wiederum denken, Heilbronn habe nichts zu bieten, was man nicht schon längst wüsste. Weit gefehlt. Stefanie Pfäffle beweist mit den Heilbronner Geheimnissen das Gegenteil. Ihr ist es mit diesem Buch gelungen, 50 Orte und Begebenheiten zusammenzufassen, die sicher auch dem best informiertesten Einheimischen noch neue Erkenntnisse offenbaren.

Das beginnt mit den Zeugen des Kalten Krieges auf der Waldheide und endet im 50. Kapitel mit der Backsteinfassade am historischen Experimenta-Gebäude. Hier verrät Oberbürgermeister Harry Mergel, warum diese Fassade für ihn die ideale Verbindung zwischen dem historischen und dem modernen Heilbronn darstellt.

Dazwischen erfährt man beispielsweise was es mit der Hafenmauer auf dem ehemaligen Buga-Gelände im Stadtteil Neckarbogen auf sich hat, oder welche Bedeutung die Zeitzeugen des Böckinger Kastells haben. Von den Hochwassermarken am Fleischhaus über den Treppenaufgang an der Albankirche bis zum Klingenberger Steg führt die unterhaltsame und informative Entdeckungsreise. Oder hätten Sie gewusst, was die Brücke im Stadtteil Klingenberg mit Paris verbindet? Imposant ist auch eine wuchtige Baumkelter, über deren Funktion man einiges erfährt. Handarbeit ist ebenfalls angesagt bei der Schleuse am Wilhelmskanal, die noch heute mit Körperkraft betätigt wird. Wie sie im 19. Jahrhundert gebaut wurde und welche Rolle dabei Strafgefangene spielten – lassen Sie sich überraschen.

Ich freue mich, dass die *Heilbronner Stimme* in Kooperation mit *Bast Medien GmbH* dieses Buch erstellen konnte. Mein Dank gilt allen Beteiligten, die mit Freude und spannender Neugier an diesem Projekt gearbeitet haben. Vor allem aber danke ich Stefanie Pfäffle für ihre fundierte Recherche, die auch mir als Bürger dieser Stadt viel Neues eröffnet hat.

Kommen Sie mit auf eine ganz besondere Zeitreise in der größten Stadt der Region Heilbronn-Franken, die viel mehr historische Spuren aufzuweisen hat, wie man vermuten würde.

Uwe Ralf Heer
Chefredakteur Heilbronner Stimme/Hohenloher Zeitung

Die Autorin

Stefanie Pfäffle wurde 1976 in Heilbronn geboren und ist in Untergruppenbach aufgewachsen. Eigentlich wollte sie immer Pilotin oder Fluglotsin werden, Hauptsache etwas mit der faszinierenden Welt der Flugzeuge. Bis ihr Vater sie anhielt, sich noch eine Alternative zu überlegen. Schreiben lag ihr auch, also war die Idee zur Journalistin geboren. Nach ersten Praktika studierte sie in der Weltkulturerbestadt Bamberg Diplomgermanistik mit Schwerpunkt Journalistik und Nebenfach Anglistik, verbrachte währenddessen auch zwei Semester in South Carolina (USA) und zog danach nach Lindau für eine multimediale Ausbildung am Vorarlberger Medienhaus. Der Gang 2005 zurück in die Heimat sollte eigentlich nur ein vorübergehender sein – doch seitdem ist sie der Käthchenstadt treu und als freie Journalistin vornehmlich im Lokalen tätig. Ihr Kundenspektrum reicht von der *Heilbronner Stimme* über diverse soziale Unternehmen bis hin zu Verbänden auch über die Region hinaus. Was sich Stefanie Pfäffle noch als Jugendliche niemals hätte vorstellen können – sie lebt wirklich gern im Unterland, schätzt die vielen Orte mit ihren zahlreichen engagierten Menschen und vor allem, wie sich Heilbronn in all den Jahren entwickelt hat. Dank der *Heilbronner Geheimnisse* hat sie jetzt noch einmal eine ganz andere Seite ihrer Heimatstadt entdecken können und ist begeistert. Wenn sie mal nicht arbeitet, was als Selbständiger ja bekanntermaßen selbst und ständig ist, zieht sie mit ihrem ShiTsu-Mix Manni durch die Parks und singt im Chorteam 2000.

Wachturm

Zeuge des kalten Kriegs

Es ist noch ein weiter Weg zum eigentlichen Ziel dieses Spaziergangs, dem alten Wachturm, doch Thilo Eberle und Larry Nichols schwelgen sofort in Erinnerungen. „In meiner Kindheit waren hier die Schützengräben, da saßen die Soldaten mit ihren Gewehren drin und es hat keinen interessiert, wenn wir hier spazieren gingen, wo die Panzer herumfuhren", erzählt Hobbyjäger Eberle, gleichzeitig lachend und kopfschüttelnd. Heute wäre so etwas undenkbar. Das war in den 1960er-Jahren, da wurde das heutige Naturschutzgebiet Waldheide oberhalb Heilbronns zwar von den US-Streitkräften als Übungsgelände und Hubschrauberlandeplatz genutzt, blieb aber in weiten Teilen offen für die Bevölkerung.

Der Spaziergang geht weiter, vorbei an den einzigen Gebäuden hier oben. Die inzwischen als Schafstall genutzten Bauten waren früher ein Hubschrauberhangar, das einzige, was vom Fort Redleg des 3. Bataillons des 84. Artillerieregiments auf der 50 Hektar großen Waldlichtung übrig geblieben ist. „Gebäude 901 war unsere Werkstatt, an den vergitterten Fenstern hab' ich Wache gehalten", erzählt Larry Nichols. Der US-Amerikaner wurde 1972 nach Heilbronn versetzt. „Es war die Zeit des Vietnamkriegs, die UH1 Bell Hubschrauber waren unsere Pferde", erzählt der ehemalige Vertreter der Muskokee/Creek-Ureinwohner in Europa mit einer Anspielung auf den amerikanischen Wilden Westen. Heute ist er Garrison Commander der International Veterans Association Neckarsulm. „Samstags haben wir mit ihnen auch einfach mal eine Spritztour gemacht, wenn nichts los war – das war noch vor der Energiekrise."

Gehen wir in der Geschichte der Waldheide noch ein bisschen weiter zurück. Das Gelände war, seinem Namen entsprechend, früher wirklich einmal eine Heidelandschaft. „Mein Vater erzählte mir, dass in seiner Kindheit hier alles voller Weidekraut war und wir versuchen das, zumindest im Naturschutzgebiet wieder hoch zu bringen", erklärt

Den ehemaligen US-Soldaten Larry Nichols (links) und Jäger Thilo Eberle verbinden unter anderem die Erinnerungen an die amerikanische Zeit auf der Waldheide – dazu gehört auch der ehemalige Wachturm.

Thilo Eberle. Der Ort hat aber auch eine lange militärische Geschichte. Ab den 1880er-Jahren nutzte die württembergische Armee das Gelände als Exerzierplatz. 1918 wurde es zur Schafweide und einem beliebten Ausflugsziel der Heilbronner, wo auch Tanz- und Sportveranstaltungen stattfanden. Die Leichtigkeit hoch über der Stadt nahm am 8. Januar 1933 mit dem Aufmarsch der nationalsozialistischen Sturmabteilung (SA) ein jähes Ende und ab 1935 war die Lichtung wieder Exerzierplatz. Die Waldheide blieb auch nach dem Zweiten Weltkrieg von Interesse. Von 1953 an nutzte die US-Armee das Gelände zunächst als Flugplatz und Munitionsdepot, schuf Start- und Landebahnen. Trotz militärischer Nutzung kehrte die Fröhlichkeit zurück, denn ab den 1960er-Jahren wurden auf dem dann angelegten Hubschrauberlandeplatz Flugtage auch unter Beteiligung deutscher Flugsportvereine durchgeführt und das deutsch-amerikanische Freundschaftsfest lockte jährlich bis zu 12.000 Besucher an. „Das war wirklich eine schöne Zeit", erinnert sich Larry Nichols.

„Das war wirklich eine schöne Zeit."

Das letzte dieser Feste fand am 6. Mai 1976 statt. Da war es eigentlich schon vorbei mit der freien Beweglichkeit auf der Waldheide, denn im Oktober 1974 hatte die US-Armee mit der Abriegelung durch Zäune und Wachtürme begonnen. Am 2. Februar 1977 erst wurde das Areal ganz offiziell an die Amerikaner übergeben. Nach außen hieß es, es sei eine Raketen-Ausbildungsstätte. Tatsächlich aber war es eine Stellung für nuklearbestückte Pershing IA-Raketen. Eine Batterie und neun Raketen waren permanent bereit, um einen potentiellen Erstschlag des damaligen Ostblocks Europas schnell erwidern zu können. Es handelte sich um einen von fünf Pershing-Standorten in der Bundesrepublik Deutschland.

Thilo Eberle blickt sich um. „Das war hier alles nicht bewaldet, stattdessen gab es einen Bunker für die Atomsprengköpfe und riesige Betonwachtürme." Die Waldheide wurde zum Hochsicherheitsgebiet. Ganz außen war ein Maschendrahtzaun mit Stachelkrone, dann kamen nach innen gehend ein Elektrozaun, Nato-Draht, ein Maschendrahtzaun, Schützenstände aus Beton, dreieinhalb Meter hohe Betonmauern und gepanzerte Wachtürme. „Als ich Anfang der 1980er-Jahre mal um die Waldheide rum gelaufen bin, kam man nicht mehr rein und wurde mit Argusaugen beobachtet, einmal wurde ich sogar angehalten", erinnert sich der Jäger mit leichtem Schaudern.

Was war passiert? Der Nato-Doppelbeschluss vom 12. Dezember 1979 hatte tatsächlich direkte Folgen für Heilbronn. Die Nato kündigte damals die Aufstellung neuer, mit Atomsprengköpfen bestückten Mittelstreckenraketen vom Typ Pershing II sowie Marschflugkörper vom Typ BGM-109G Gryphon in Westeuropa zur atomaren Abschreckung gegen die Sowjetunion an. Gleichzeitig sollten bilaterale Verhandlungen der Supermächte über die Begrenzung eben solcher atomarer Mittelstreckenraketen auf dem Kontinent geführt werden. Mehrere Nato-Staaten lehnten die Aufstellung ab, die Mehrheit des deutschen Bundestags aber stimmte am 22. November 1983 dafür. Alle 108 Pershing II-Raketen wurden bis 1986 in Baden-Württemberg aufgestellt – 36 davon auf der Waldheide. Die Stadtverwaltung gab sich lange unkundig, obwohl allein der Ostermarsch 1983 rund 30.000 Teilnehmer anlockte, die größte Friedenskundgebung aller Zeiten in Heilbronn. Viel später gestand Manfred Weinmann (1934-2013), von 1983 bis 1999 Oberbürgermeister, dass er zur Verschwiegenheit verpflichtet worden war. Iris Baars-Werner zitiert ihn in ihrem Artikel *Der Tag, ab dem die Atomraketen unerwünscht waren* mit den Worten: „Als Oberbürgermeister war ich informiert, aber ich durfte es nicht weitererzählen und ich durfte nicht Stellung nehmen."

Während sie all das erzählen, haben sich Larry Nichols und Thilo Eberle weiter durch den Wald geschlagen. Über querstehende Äste, vorbei an angriffslustigen Brombeerhecken und immer mit Blick auf den Boden, um nicht in ein übrig gebliebenes Schützenloch zu fallen – und da taucht er plötzlich auf: der ehemalige Sicherheitswachturm der US-Amerikaner. Scheinbar vergessen steht er da und kündet von einer vergangenen Zeit. „Auf der Ostseite gab es davon einige, zusätzlich wurde Streife gelaufen, weil sie hier nicht so weit schauen konnten", erläutert Thilo Eberle, dem ein inzwischen verstorbener Stadtförster mal von diesem Überbleibsel erzählt hat. Natogrün aus verzinktem Stahlblech steht er da also mitten im Wald, die Basis aus Beton. Der untere Teil ist hohl, nach hinten offen. „Schau mal, da sind noch Starkstromkabel", stellt Larry Nichols, seines Zeichen Elektrotechnikermeister, fest. Vom Fort wurden die Leitungen damals bis hierher gelegt, damit die Rundscheinwerfer betrieben werden konnten. Der Aufstieg erfolgte von außen. Bis vor ein paar Jahren sei da auch noch eine Leiter gewesen, stellt Eberle fest. Auch die Bodengitter aus dem Gang rund um die nach allen vier Seiten mit Fenstern bestückte Kabine fehlen, eins liegt ein paar Meter weiter auf dem Boden.

Am 11. Januar 1985 sollte sich wieder alles ändern auf der Waldheide. An diesem Tag explodierte eine Raketenstufe, riss drei Soldaten in den Tod und verletzte 16 weitere. An sie erinnern Larry Nichols und seine Mitstreiter, aber auch die Stadt jedes Jahr an einer Gedenkstätte in der Nähe des Schafstalls. Erst zu diesem Zeitpunkt konnten die Atomraketen auf der Waldheide endgültig nicht mehr verheimlicht werden – bis dahin gab es nicht mal einen Katastrophenschutzplan, was den Einsatz der Feuerwehr bei diesem Unglück stark erschwerte. Die öffentliche Debatte kam richtig in Fahrt, die Friedensbewegung erhielt enormen Zulauf. Infolge des INF-Vertrags von 1987 räumte die US-Armee bis 1991 die Waldheide komplett, die letzte Rakete wurde am 26. April 1990 abtransportiert. Das Ende des Kalten Kriegs war eingeläutet, bis 1992 zogen die Amerikaner ihre Streitkräfte vollständig aus Heilbronn und Neckarsulm ab. Das Gelände wurde bis 1997 renaturiert und ist heute wieder Naherholungsgebiet. Nur dieser eine Wachturm, der scheint einfach vergessen worden zu sein.

So geht's zum Wachturm:

Der Wachturm steht mitten im Wald. Um zu ihm zu gelangen von der Donnbronner Straße an der Haltestelle Waldheide zu Fuß in die Waldheidestraße gehen, am Schafstall rechts abbiegen. Nach dem Gebäude links halten auf dem Schafweg bis zur nächsten Kreuzung und dann links auf den Heideweg abbiegen. Diesem um die Kurve nach rechts folgen und am Polterholz rechts in den Waldweg abbiegen. Nach etwa hundert Metern rechts in den Wald eintauchen und in nördlicher Richtung Ausschau halten.
GPS: 49.126766, 9.276666

Bettina Kruck-Hampo weiß, dass hier am Wartberg die Spaziergänger nicht beschimpft werden.

Meyle-Steine

Ein schelmischer OB

„Ich muss immer wieder schmunzeln, wenn ich an diesen Inschriften vorbeikomme“, erzählt Bettina Kruck-Hampo grinsend. Wer der Wartbergsteige nach oben folgt, passiert unvermeidlich den gravierten Stein in der Trockenmauer. *Leck mich am Arsch 1952* ist da zu lesen. Direkt darunter folgt die schelmische Antwort: *Wart no a Weile! Oberbürgermeister Meyle 1955.*

Wem die schlagfertige Antwort zuzuordnen ist, steht ja dankenswerter Weise drunter. Doch wer soll hier wen am Allerwertesten lecken? Belesenen Spaziergängern kommt da gleich Götz von Berlichingen zu Hornberg (1480-1562) in den Sinn, denn der ist im Raum Heilbronn eine große Nummer, wurde der Reichsritter doch in Jagsthausen geboren und saß im Heilbronner Bollwerksturm ein. Nicht umsonst führen die Burgfestspiele Jagsthausen jedes Jahr eine neue Inszenierung von Johann Wolfgang von Goethes (1749-1832) Stück

Götz von Berlichingen mit der eisernen Hand auf. Das berühmteste Zitat daraus? Ganz klar: „Er aber, sag's ihm, er kann mich im Arsche lecken!" Ist der Satz hier also wegen der großen regionalen Bedeutung in Stein gemeißelt worden und begrüßt seitdem jeden Spaziergänger auf nicht ganz so freundlicher Art?

Es ist wohl eher eine blumig ausgedrückte Verärgerung über eine eher lapidare Auseinandersetzung. Und die hatte, wie Bettina Kruck-Hampo weiß, gar nichts mit Goethe zu tun. Ein Mitarbeiter des städtischen Tiefbauamts hatte einem Weingärtner beim Bau einer Treppe zu dessen Weinberg geholfen. Die ausgemachte flüssige Belohnung in Form von diversen Fläschchen Wein kam jedoch nicht bei ihm an und so verschaffte jener Mitarbeiter seinem Ärger auf diese Weise Luft.

Paul Meyle (1900-1977) war zu dieser Zeit der Oberbürgermeister Heilbronns. Der gelernte Kaufmann, der nach dem Zweiten Weltkrieg maßgeblich für den Wiederaufbau der Stadt verantwortlich war, galt als strenger Chef. Stadtführerin Bettina Kruck-Hampo erinnert sich noch an eine Veranstaltung im Rahmen der Veranstaltungsreihe „Wissenspause im Deutschhof" im Juli 2016. Im Gespräch mit Dr. Christhard Schrenk, dem Leiter des Heilbronner Stadtarchivs, beschreibt Meyles Sohn Rüdiger den Führungsstil seines Vater als autoritär – nicht unüblich für diese Zeit. Gleichzeitig sei er aber nie nachtragend gewesen, immer auf Versöhnung aus. Vielleicht war er deswegen nicht über den „verschandelten" Stein erbost und beauftragte stattdessen ausgerechnet diesen Mitarbeiter, seine entsprechende Antwort drei Jahre später in den zweiten Stein zu meißeln. Herausgekommen ist die ganze Geschichte erst zwei Jahrzehnte später, als der Steinmetz der beiden „Meylensteine", Hans von Rogawski, der *Heilbronner Stimme* von den Hintergründen erzählte. Dieser Artikel gelangte sogar bis nach Tübingen, woraufhin ihn die dort ansässige Götz-Akademie mit dem „Lecks-Füdle-Orden" ehrte. Ja, leck mich am Arsch!

So geht's zu den Meyle-Steinen:

Der Wartbergsteige nach oben folgen, die Steine befinden sich rechts.

Auch wenn es durch die weiße Farbe nicht mehr so historisch aussieht – das Wappen stammt vermutlich aus dem Jahr 1733.

Wappen

Viel mehr als es aussieht

Für Stadtführerin Annette Geisler ist es ein typisches Beispiel für Geschichte auf den zweiten Blick: Über dem Ladengeschäft in der Sülmerstraße 24 prangt ein großes weißes Reliefwappen auf grauem Grund. Vor allem aufgrund der Farbe sieht es gar nicht so alt aus, sondern eher wie ein Gipsabdruck. Und auch das Haus wurde erst in den 1950er-Jahren erbaut, doch tatsächlich hat dieses Relikt schon mehrere Jahrhunderte auf dem Buckel. „Es ist das Wappen des Zisterzienserklosters Kaisheim, das hatte in diesem Bereich einst einen großen Pfleghof", erläutert die Bibliothekarin. Aber wieso hängt es an einem Gebäude aus der Nachkriegszeit? Was hatten die bayerischen Mönche überhaupt hier am Neckar zu suchen? Und was hat es mit den rätselhaften Buchstaben *R A Z K* im oberen Teil des Wappens auf sich?

Bereits im Jahr 1324 erwarb das Zisterzienserkloster Kaisheim einen Hof in der Stadt und 60 Morgen Weinberge drum herum vom Kloster Maulbronn. „Für mich ist das ein Beleg für eine äußerst fruchtbare Umgebung, es lohnte sich anscheinend, so weit weg vom Stammhaus Ländereien zu besitzen", stellt Annette Geisler fest. Das erklärt schon mal, warum das Wappen eines bayerischen Klosters in Heilbronn hängt. Der Hof lag nicht an der Sülmerstraße, wie Dr. Karl-Heinz Mistele in seinem Aufsatz *Der Besitz des Klosters Kaisheim in Heilbronn* 1966 aufschlüsselte. Vielmehr werde in einer Urkunde vom 16. Oktober 1462 berichtet, „daß die geistlichen Herren zu Kaisheim vormals ein behausunge in unser statt zu Heylprun gehabt, in der sie keine Keller zur Aufbewahrung des Weins hatten". Genau deswegen, also weil die Zisterzienser dringend einen Keller brauchten, erlaubte der Rat der Stadt dem Kloster den Erwerb eines anderen Hofs, nämlich dem an der Sülmerstraße. Im 17. Jahrhundert wechselten immer wieder die Besitzverhältnisse. Nach der französischen Besatzung der Stadt ab 1688 brannten die Soldaten bei ihrem Abzug in der Nacht vom 21. auf den 22. Dezember 1698 die Kirche des ehemaligen Franziskanerklosters nieder, wonach auch drei angrenzende Gebäude des Kaisheimer Hofs in Schutt und Asche lagen. Die Mönche ließen sich aber nicht unterkriegen und bauten neu. „Das war ein kleines barockes Schmuckstück, ganz romantisch verwinkelt mit Erkern", weiß Annette Geisler von alten Postkarten aus späteren Jahren. 1733 wurde der Pfleghof fertig gestellt und genau dann muss auch das neue Wappen angebracht worden sein. Darauf weisen nämlich nun eben jene vier Buchstaben *R A Z K* im oberen Teil hin, deren Bedeutung Annette Geisler verrät: „Manche sagen, das steht für Reichsabtei zu Kaisheim, aber ich folge denen, die das für die Signatur Roger Abt zu Kaisheim halten." Jener Abt Roger von Kaisheim II. (1687-1739) war schließlich der Bauherr.

Bei der Säkularisierung 1803 fiel der Hof an Bayern, liegt Kaisheim doch in der Nähe von Donauwörth. Maximilian I. Joseph (1756-1825) schenkte ihn kurzerhand seinem Minister Maximilian von Montgelas (1759-1838) und der verkaufte das Gelände schließlich 1832 teilweise an die Stadt, teilweise an Privatleute, unter anderem an die Familie Krafft, weswegen der Kaisheimer Hof von da an auch oft Krafftscher Hof genannt wurde.

Die Geschichte des einstigen Klosterbaus ging im 20. Jahrhundert wechselvoll weiter: In den 1920er-Jahren eröffnete der neue Besitzer eine Gastronomie in dem ehemaligen Pfleghof, 1927 wurde das barocke Anwesen sogar unter Denkmalschutz gestellt. In der Nacht des 4. Dezember 1944 aber zerstörte ein Bombenangriff fast die komplette Altstadt und auch den Kaisheimer Hof. Wie durch ein Wunder fand das mit den Aufräumarbeiten beauftragte Tiefbauamt das vollständig erhaltene Wappen in den Trümmern und lagerte es zunächst im Stadttheater ein. Es sollte sich ein irrwitziger jahrelanger Streit um den historischen Fund entwickeln. Auf der einen Seite Feinkosthändler Hans Haug, der frühere Besitzer der Sülmerstraße 28 und damit dem Teil des Pfleghofs, an dem das Wappen angebracht war. Auf der anderen Seite Rechtsanwalt Dr. Rudolf Brauch, der die Nummer 24 neu baute. Haug zeigte laut Aktenlage zunächst kein Interesse an dem gefundenen Wappen, weil er an anderer Stelle neu bauen wollte, dachte aber wohl, es landet stattdessen im historischen Museum. Brauch wiederum befand, das würde sich gut in unmittelbarer Nähe des ursprünglichen Standorts machen und brachte es an seiner Fassade an, inklusive der Jahreszahl 1733. Das passte dem früheren Besitzer so gar nicht, weil es eben nicht der ursprüngliche Standort war. Haug protestierte in vielen Schriftstücken gegen die Verwendung. Wie es ausgegangen ist, ist klar, denn es hängt immer noch am Haus Nummer 24, wenn es auch inzwischen weiß überstrichen ist – ein Stück Geschichte auf den zweiten Blick.

So geht's zum Wappen:

Das Wappen ist im ersten Stock an der Fassade des Gebäudes Sülmerstraße 24 angebracht.

ESPRIT

Scheinanlage

Von der Ablenkung zum Gemüsekeller

Von der Straße aus ist das Zeugnis der Militärgeschichte kaum zu sehen. Über und über ist der kleine Bunker mit Efeu bewachsen. Nur die Metalltür zeigt, dass sich unter dem ganzen Grün etwas verbergen muss. In der Tat: In diesem Garten in der Nußäckerstraße 31 steht eine Schein- oder Herbstanlage, die letzte von insgesamt sechs Stück auf der Gemarkung Horkheims, die die Zeit seit dem Zweiten Weltkrieg überdauert hat. Ihre damalige Aufgabe war es: den Gegner von der eigentlichen Verteidigungslinie ablenken.

Thomas Schulz vom Interessenkreis Heimatgeschichte Horkheim kennt sich aus mit der Neckar-Enz-Stellung. „Die Hauptkampflinie war entlang der Schozach geplant", erläutert der Heimatforscher. Die Franzosen wären aus dem Zabergäu und dem Kraichgau gen Heilbronn gerückt und hier sollte der Vormarsch aufgehalten werden. In einem Weinberg ist auch noch einer der Bunker, die Nummer 248, erhalten. Weil dieser aber oft als Müllkippe missbraucht wurde, hat ihn der Besitzer des Weinbergs mit Genehmigung des Landesdenkmalamts inzwischen mit Erde aufgefüllt und mit Bruchsandsteinen verkleidet. „Dadurch sieht er eigentlich aus wie damals, getarnt wie ein Unterstand für Weingärtner als Teil der Weinbergmauern." Jetzt komme zwar niemand mehr rein, aber das sei wohl auch besser so, schließlich stehen alle noch vorhandenen Teile der Neckar-Enz-Stellung seit 2005 unter Denkmalschutz, sagt Thomas Schulz.

Das gilt auch für die Scheinanlage, die sich heute ganz unauffällig in einem Garten versteckt. Sechs solcher Scheinanlagen wurden im Bogen um den damaligen Ort gezogen. Eine stand an der Ecke Wagenburg- und Baltenstraße, zwei beim Horkheimer Wäldle, eine bei den Brunnen der Gemüsebauern des Wasserverband Erdweidig und eine mitten in den Äckern. Die gibt es alle nicht mehr. Sie wurden 1936 für damals 2700 Reichsmark pro Bau errichtet. Die Eckdaten des 6,80 mal

Thomas Schulz ist froh, dass zumindest eine Scheinanlage in Horkheim die Zeit überlebt hat.

3,80 mal 2,50 Meter großen Betonbaus sind schnell genannt: 40 Zentimeter Wandstärke, eine 30 Zentimeter dicke Decke und das alles aus zehn Kubikmeter Stahlbeton und 23 Kubikmeter Beton. Den Auftrag ergatterte die Firma A.+A. Klein aus Baden-Baden, den Zement bekamen sie aus Lauffen. „Im Original hatten sie innen eine Blech- und außen eine Holztüre zur Tarnung", erläutert Schulz. Die sind auch bei dem verbliebenen Exemplar noch vorhanden. Dort wo jetzt ein Fenster ist, befand sich früher allerdings nur eine Luke, denn in der Regel waren die Scheinanlagen unbesetzt, hatten auch im Gegensatz zu den echten Bunkern keinen Telefonanschluss. „Der Plan war, dass sie die Kräfte des Gegners binden, wenn die denken, dass sich dort Soldaten befinden. Damit sollte dann der gesamte Vormarsch verlangsamt werden."

„Im Original hatten sie innen eine Blech- und außen eine Holztüre zur Tarnung."

Nun war die Scheinanlage Nummer 250 ursprünglich mal weit außerhalb von Horkheim in einer Mulde, getarnt als Feldunterstand, angelegt. Inzwischen befindet sie sich mitten in einem Wohngebiet. Einst gehörte sie zum Nachbargrundstück. Der Besitzer hatte einen Futterhandel und nutzte den Betonbau als Lager für seine Ware. Als das Haus nebenan abgerissen wurde – heute steht dort ein Mehrfamilienhaus – wurde es den Eltern der heutigen Besitzer angeboten. Der Vater richtete sich dort unten seine Werkstatt ein, baute dafür eine extra Treppe zum Eingang und die Mutter lagerte später hier ihre Kartoffeln und Äpfel oder ließ ihre Pflanzen in dem zusätzlichen Keller überwintern. Obendrauf befand sich viele Jahre ein Obst- und Gemüsegarten, die Sonne war perfekt für Erdbeeren und Salat. So hat das, was einst nur zur Ablenkung gedacht war, über die Jahre einen ganz handfesten Zweck erhalten.

So geht's zu der Scheinanlage:

Sie steht in Horkheim im Garten der Nußäckerstraße 31.

Das ehemalige Tor aus dem 17. Jahrhundert, als die Kirche als Zeughaus diente, ist noch gut als Narbe in der Nordwand zu erkennen.

Wandnarbe

Spuren einer turbulenten Geschichte

Schön gleichmäßig liegen Steinquader auf Steinquader, bauen sich nach oben zu den hohen Mauern der relativ kleinen Nikolaikirche am nördlichen Ende der Heilbronner Innenstadt auf. Alles wirkt wie aus einem Guss – bis der Blick die Nordseite streift. Mitten in der Wand ist ein Bogen zu erkennen, darunter scheinbar wild zusammengewürfelte Sandsteine, teilweise mit eingeritzten Namen, die das ehemals sehr große Loch füllen. Woher kommt diese Narbe am Gotteshaus? „Es wurde nicht immer als solches genutzt", gibt Dr. Henning Hoffmann, Kirchengemeinderat der evangelischen Nikolaikirche, einen ersten Hinweis. Bevor er das näher ausführt, will er aber einen kurzen Ausflug zu den Anfängen des geweihten Gebäudes machen:

Erstmals erwähnt wurde eine Nikolaikapelle im Jahr 1351. „Der für Heilbronn zuständige Bischof Albert von Würzburg förderte den

Bau dieser Kapelle durch einen Ablass. Ein Weinberg wurde im gleichen Jahr als Pfründe beurkundet", schreibt der ehemalige Pfarrer der Gemeinde, Günter Spengler, in seiner *Broschüre über die Nikolaikirche.* Bereits 1333 hatte Graf Nikolaus von Löwenstein (um 1300-1339) der Stadt Heilbronn das Dorf Böckingen für 540 Pfund Heller verkauft. Das lag auf dem Gebiet des heutigen Trappensees im Osten der Stadt und hat nichts mit dem gleichnamigen Heilbronner Stadtteil zu tun. Beide bekamen lediglich von gleichen oder ähnlichen alemannischen Personennamen ihren Siedlungsnamen. „Noch im gleichen Jahr zieht Heilbronn sämtliche Bewohner des Ortes in die Mauern der Stadt und siedelt sie im Gebiet der Schäfer- und Zehentgasse an", schreiben Helmut Scholz und Hubert Weckbach in ihrem Buch *Heilbronn – Geschichte und Leben einer Stadt.* „Sie mussten jetzt weit zu ihren Feldern laufen, aber ich vermute, dass die Stadt ihnen da draußen im Gegensatz zu den berittenen Soldaten der Löwensteiner keinen Schutz bieten konnte, weswegen sie in die Stadt ziehen mussten", meint der Ingenieur. Dadurch aber zerfällt der Ort, jetzt Alten-Böckingen genannt, rasch. Ob man ihnen nun etwas bieten wollte oder ob die Kilianskirche zu klein für den Schwung neuer Gläubiger war, ist nicht bekannt, nur, dass daraufhin eben jene Kapelle an der Stadtmauer errichtet wurde. Für 1497 ist der Umbau zur Kirche belegt, noch ohne Glockenturm.

Kirchengemeinderat Dr. Henning Hoffmann hat sich intensiv mit der Geschichte der Nikolaikirche beschäftigt.

In der Folgezeit blieb es vergleichsweise ruhig um das Gotteshaus. Im 16. Jahrhundert diente es fast 90 Jahre lang als Kinderkirche, also für den Kindergottesdienst der ganzen Stadt. Spengler zitiert eine Auskunft des Rates an Kaiser Karl V. (1500-1558) aus dem Jahr 1530:

„Um zwey uren hallt man fur die dochterlin ein kinderler und ermanung zu gottlicher vorcht und besserung unsers lebens, dabei sie auch psalmen singen."

So ruhig sollte es jedoch wahrlich nicht bleiben: Nach der Schlacht bei Wimpfen im Mai 1622 als Teil des Dreißigjährigen Krieges (1618-1648) entschied Heilbronn, dass die Stadt zur Sicherheit Munition benötige und hier kommt nun auch diese merkwürdige Narbe am Gotteshaus ins Spiel. Der Rat beschloss am 22. Juli 1622, die Nikolaikirche stilllegen und das Gebäude als Zeughaus zu nutzen. „Die dachten sich natürlich, eine steinerne Kirche ist sicherer als ein Fachwerkhaus", ist Dr. Henning Hoffmann überzeugt. 38 Zentner Pulver, 34 Zentner Blei und 36 Zentner Lunten wurden aus Ulm herangeschafft, aus denen wiederum in der Kirche Kartuschen und Kugeln hergestellt wurden. Von den kaiserlichen Truppen sollen später täglich 1.000 Kugeln gegossen worden sein. Um das Material in und die Kugeln aus dem Gebäude zu bekommen, brauchte es mehr als ein normales Portal – es wurde also ein großes Loch in die Nordwand gebrochen. „Ich frage mich allerdings, warum das so groß sein musste, die hatten ja damals noch keine großen Geräte", überlegt der Kirchengemeinderat, während er an der Wand nach oben schaut.

„Die dachten sich natürlich, eine steinerne Kirche ist sicherer als ein Fachwerkhaus."

Erst am 21. September 1706 wurde die Nikolaikirche erneut geweiht, ob das Loch da schon wieder geschlossen war, ist unklar. Die Steine allerdings, die dafür genutzt wurden, sind vollkommen verschieden, teilweise rußgeschwärzt. Sicher wurden sie nach dem Aufbruch irgendwo zwischengelagert, doch dass das wirklich die ursprünglichen Quader sind, lässt sich nur schwer glauben. „Vermutlich hat man einfach irgendwelche Steine genommen, die da waren", tippt Dr. Henning Hoffmann. Das könnte auch die im unteren Teil zu erkennenden Eingravierungen erklären, die für einen wesentlich späteren Einbau sprechen. 1844 hat sich ein „F. Essig" verewigt, ein verschnörkeltes Zeichen scheint aus dem Jahr 1841 zu stammen. Viele verschiedene Schriftarten sind zu entziffern. „Es könnte auch sein, dass die später etwas repariert haben."

Es war nämlich nicht die letzte Fremdnutzung der Nikolaikirche. 1802 besetzten württembergische Soldaten die Stadt und wurden in Schulen einquartiert – die Kirche wiederum wurde zum Unterrichtsraum für das Gymnasium und die Deutsche Schule umfunktioniert, wobei trotzdem noch bis 1805 Gottesdienste gefeiert werden konnten. Als beim inzwischen besetzenden französischen Militär und den Quartiersgebern Typhus ausbrach, beschlagnahmten diese die Kirche und das damals noch existierende Konventhaus in der Sülmerstraße und nutzten die Gebäude als Militärhospitäler. Im Oktober 1807 ermächtigte sich der württembergische Staat des Gotteshauses und funktionierte es zum Arsenal für 30 Kanonen um, die im Krieg gegen Napoleon eingesetzt werden sollten. Im Anschluss war St. Nikolai erneut Lazarett, Holzlager der Stadt, wurde an einen Seiler, einen Kaufmann und einen Instrumentenbauer vermietet und schließlich ab Februar 1849 als Turnhalle und Kundgebungssaal genutzt.

Da hatte die Kirchengemeinde längt begonnen, Geld für eine Renovierung zu sammeln, sodass das Bauwerk am 7. Dezember 1851 wieder als Kirche geweiht werden konnte. Vielleicht also erfolgte das endgültige Zumauern des großen Tors erst bei dieser Gelegenheit. Die große Narbe an der Nordwand überstand sogar die Bombennacht vom 4. Dezember 1944, als die Heilbronner Innenstadt beinahe komplett zerstört wurde und auch von der Nikolaikirche nur noch Teile übrig waren.

So geht's zur Wandnarbe:

Die Nikolaikirche steht in der Fußgängerzone in der Sülmerstraße 72. Die Wandnarbe befindet sich auf der Nordseite.

Dr. Joachim Hennze, Leiter der Unteren Denkmalbehörde der Stadt Heilbronn, hat dafür gesorgt, dass das Bankgebäude unter Denkmalschutz steht.

Bankeingang

Als oberirdisch plötzlich out war

Eine augenscheinlich zugemauerte Tür an einem Bankgebäude? Römische Ziffern, die Antikes zu verkünden scheinen? Vor dem inneren Auge badet Dagobert Duck in seinem Geldspeicher in Goldmünzen. Funkelnde Schätze müssen es doch mindestens sein, die hinter diesen Steinen lagern! Vielleicht ist es ja auch eine geschickt verschleierte Geheimtür? Nun ja, manchmal kann eine Geschichte auch ein bisschen profaner sein.

Die Tür gehört zum Gebäude der Commerzbank an der Ecke Allee/Kaiserstraße, dem ältesten der drei Bankbauten an dieser Kreuzung. Erbaut wurde es zwischen 1952 und 1955 von Paul Schmitthenner (1884-1972) für die Rhein-Main-Bank. Damit wären denn auch schon die römischen Ziffern geklärt: AD MCMLV, das steht für Anno Domini – zu Deutsch im Jahre des Herrn – 1955. Ganz simpel das Jahr der Einweihung und leider nicht so historisch, wie es anzumuten scheint. „Schmitthenner war vor dem Zweiten Weltkrieg neben Paul Bonatz der wichtigste Vordenker an der Architekturfakultät der Stuttgarter Hochschule", erläutert Dr. Joachim Hennze, Leiter der Unteren Denkmalschutzbehörde der Stadt Heilbronn. Damit gibt der Kunsthistoriker auch schon einen Hinweis darauf, warum er, als er 1992 in die Käthchenstadt kam, dafür sorgte, dass der Bau unter Denkmalschutz gestellt wurde. „Schmitthenner ist aber immer konservativ in seiner Formensprache geblieben, trat sogar extra 1933 in die NSDAP ein, um den neuen Machthabern das traditionelle Bauen nahezubringen." Viel Glück hatte er damit allerdings nicht.

Früher war hier der Eingang für die Mitarbeiter der Bank.

Schmitthenner ergatterte in der Nachkriegszeit den Auftrag für den Neubau der damaligen Rhein-Main-Bank. „Neben den Kommunen und den Kirchen waren es die Banken, die jetzt die großen Gebäude bauen ließen, allerdings waren die Banken konservativer als die anderen beiden", erläutert Dr. Joachim Hennze. Der vierstöckige kubische Block mit einer Fassade aus Heilbronner Schilfsandstein und weißem Heilbronner Muschelkalk gilt als „wichtiges Dokument der Wiederaufnahme des für die Stuttgarter Architekturschule typischen barockisierenden Heimatstils aus der Vorkriegszeit", wie es in der *Heilbronner Denkmaltopographie* heißt.

Nun hat das Gebäude einen sehr imposanten Eingangsbereich, genau an der Ecke der beiden Straßen. Wozu brauchte es also diese kleine Tür auf der Alleeseite, direkt unter den Erkern der Büros für die Geschäftsführung? „Es war ein

Eingang für die Mitarbeiter", setzt der Kunsthistoriker allen Träumen von Gold und funkelnden Schätzen ein Ende. Dahinter liegt nämlich direkt die Schalterhalle. Allerdings ist die Tür nicht nur für heutige Verhältnisse recht niedrig, was Hennze darauf schiebt, dass die Straße diverse Male umgebaut und sich dadurch auch das Niveau immer wieder verändert hat. Leider gebe es von dieser Seite keine Fotos – war ja auch nur der Mitarbeitereingang.

Bereits 1957 ging die Rhein-Main-Bank an die neugegründete Dresdner Bank, diese 2009 an die Commerzbank. Irgendwann dazwischen muss die Tür zugemauert worden sein, mit demselben Schilfsandstein wie dem an der Fassade, sodass es kaum auffällt. „Ich habe vor einigen Jahren mal mit einem Rentner gesprochen, der konnte sich zwar noch an jenen Zugang erinnern, aber nicht mehr, wann er verschlossen wurde", erzählt Dr. Joachim Hennze. Einen Hinweis gibt eine Akte mit Bauplänen im Stadtarchiv. Als 1971 die erste Unterführung der Allee auf etwa dieser Höhe gebaut wurde – sie ist längst wieder zugeschüttet –, wurde in diesem Zuge auch das Bankgebäude umgebaut. Es bekam nämlich einen direkten Zugang aus der Unterführung ins Untergeschoss – perfekt für Mitarbeiter. Damit wurde der oberirdische Eingang nicht mehr benötigt und passend zur Fassade unauffällig verschlossen. Und wie kommen die Angestellten jetzt zu ihrem Arbeitsplatz, wo es auch die Unterführung nicht mehr gibt? Ganz einfach: Der neue Eingang befindet sich hinterm Haus, dort, wo auch das Geld abgeliefert wird – übrigens behütet von einem Merkurkopf, dem Gott der Diebe und der Handelsreisenden. Ein bisschen Schatz ist also doch im Spiel.

So geht's zum Bankeingang:

Der zugemauerte Bankeingang befindet sich an der Alleeseite des Gebäudes Kaiserstraße 37.

DAS

Plattform

Ruhepause auf 20 Zentimetern

Der oftmals spöttische Spruch „Ist das Kunst oder kann das weg?“ ist im allgemeinen Sprachgebrauch längst angekommen. Doch mal ehrlich: Meistens kann ein Kunstwerk schon als solches erkannt werden – vorausgesetzt natürlich, man nimmt es überhaupt wahr. An eben dieser Voraussetzung dürfte eine kleine Plattform an einem Straßenmast an der Weinsberger Straße seit Jahren täglich scheitern. „Für mich ist das eines der charmantesten Objekte überhaupt in Heilbronn“, meint Peter Schmelzle begeistert. Der kunstinteressierte Bad Wimpfener hat ein besonderes Herz für die eher ungewöhnlichen Werke.

Dazu gehört auch die kleine Eisenplattform, die einen Durchmesser von 40 Zentimetern hat und von dem Berliner Künstler Christian Hasucha geschaffen wurde. „Sein Thema sind öffentliche Interventionen, wie er es nennt“, erläutert Schmelzle. Kunst im Freien also, die eher Denkanstöße vermitteln, als schön anzuschauen sein will. Die kleine Plattform ist Teil der Intervention P, die Hasucha in den Jahren 1993/94 entwickelte und die er in Köln, Graz und ja, Heilbronn, installierte, hier organisiert von Mechthild Bauer-Babel und ihrer „Neuen Kunst im Hagenbucher“ in Kooperation mit dem Heilbronner Kunstverein.

Im Vorfeld, um Mitstreiter zu gewinnen, hatte Hasucha Initialbriefe an potenzielle Interessenten geschickt, die sich dann eine solche Plattform ordern und an einer von ihnen ausgewählten Stelle in etwa 20 Zentimetern Höhe anbringen lassen konnten. Laut einem Artikel in der *Heilbronner Stimme* war das Ziel, Ruhezonen im urbanen Alltag zu schaffen. „Wenn man sich auf sich selbst konzentrieren kann, steht man da wirklich isoliert, außerhalb des Stadtgeschehens, obwohl es nur 20 Zentimeter sind“, beschreibt der Künstler am Telefon.

30 Personen, bis zu 50 wären möglich gewesen, bestellten sich tatsächlich so eine kleine Plattform und Hasucha montierte sie unan-

Peter Schmelzle nutzt die Plattform als Ruhezone im urbanen Alltag.

gekündigt in Heilbronn und auch in Neckarsulm. „Den Anschreiben waren eine Zeichnung und ein Papiermaßband beigefügt mit der Bitte, falls Interesse an einer Plattform bestünde, möge man mir Ort, Blickrichtung und Umfang des Mastes mitteilen", erzählt Hasucha. Er habe die Metallschellen in seiner Werkstatt angefertigt und sei damit dann mit Kompass zu den Positionen gefahren, um die Plattformen richtig zu montieren und auszurichten. „Nach der Montage hab' ich mich auch mal drauf gestellt, um zu erkennen, von wo aus andere Leute mich auf der Plattform sehen würden." Ansonsten habe es keinen Kontakt zu den Bestellern gegeben, sollten sie doch unbeeinflusst ihre eigenen Erfahrungen machen.

„Ich weiß noch, dass ich damals dachte, das hätte was mit Verkehrserfassung zu tun", erzählt Peter Schmelzle schmunzelnd über den Moment, als er die Plattformen entdeckte. Nicht nur die Besteller, sondern auch Kinder stiegen gerne mal drauf, wie einige Bilder belegen. Denn gänzlich unbemerkt verlief die Aktion nicht. Die Feuerwehr klapperte tatsächlich alle Standorte ab, um Verkehrsbehinderungen auszuschließen und eine Platte wurde aus Sicherheitsgründen sogar entfernt. Nach zwei Monaten war der ganze Spuk vorbei. Doch eine der Plattformen, eben jene an der Weinsberger Straße, ließ der Künstler auf Bitte von Mechthild Bauer-Babel als Leihgabe zurück – alle anderen, auch die aus den anderen Städten, sind wieder bei ihm eingelagert. Nur hier in Heilbronn können sich die Menschen also immer noch eine etwas andere Ruhepause im urbanen Alltag gönnen.

„Ich weiß noch, dass ich damals dachte, das hätte was mit Verkehrserfassung zu tun."

So geht's zur Plattform:

Das Kunstwerk ist links neben dem Gebäude Weinsberger Straße 25 an einem Straßenmast angebracht.

Der Wappenadler der Stadt Heilbronn verschließt alte Pumpbrunnen in Biberach.

Metalldeckel

Wasserreiche Beziehung

Thomas Böhringer hat extra das ganze Gras und den Dreck entfernt, damit das sichtbar wird, was ihn an diesem Tag an den Rand eines Feldwegs in Biberach geführt hat. Es ist ein Metalldeckel mit einem großen Adler darauf, dem Wappentier der Stadt Heilbronn, und der Zahl 1912. Er bedeckt einen Brunnenschacht, der einst als Wasserstelle für die Bauern in der Umgebung diente. Die wurden in den 1970er-Jahren abgebaut und mit diesen Deckeln verschlossen. Damit der war der Heilbronner Adler schon in Biberach, bevor der Ort 1974 eingemeindet wurde.

Und das kam so: Die Biberacher selber nennen ihren Ort Biwwerich, was dem altkeltischen Wort für wasserreiches Gebiet entspricht. Dem ist tatsächlich so, denn wo immer man in Biberach an einem Hügel gräbt, kommt Wasser, erklärt Böhringer, Mitglied des Interessenkreises Heimatgeschichte Biberach. „Als Kinder haben wir oft nur irgendwo leicht gegraben und hatten dann unsere eigene Quelle zum Spielen", erinnert sich der Heimatforscher. Wasser war in dem kleinen Ort also nie ein Problem.

Beim großen Nachbarn dagegen schon. „Mitte des 19. Jahrhunderts hatte Heilbronn massive Wasserversorgungsprobleme, weil die Einwohnerzahl immer weiter stieg und auch immer mehr Industrie ansiedelte." Die Stadtoberen hörten, in Biberach gäbe es reichlich davon und kauften den Hartlesbrunnen im Kienbachtal. Dank des natürlichen Gefälles bis nach Heilbronn hinein konnte das Wasser bis in die Gegend der Firma Brüggemann fließen, wo es heute noch eine Pumpstation gibt, die das kostbare Nass auf den Wartberg zum Hochbehälter pumpt.

Thomas Böhringer vor der 1874 gebauten Wassersammelstelle, wo auch heute noch das Quellwasser zusammen fließt.

Allerdings reichte den Heilbronnern die eine Quelle nicht, um ihren großen Bedarf zu decken, aber man wusste ja schließlich, wo man noch mehr bekommen kann. So wurden nach und nach im Kienbachtal weitere Quellen bis fast hoch zur Wimpfener Gemarkung gekauft. Um zwei gab es dann aber doch Streitereien. Die Stiftsquelle und die Stiftswiesenquelle liegen heute links und rechts von einem Feldweg, also nur wenige Meter auseinander. „Bei der Erfassung der Stiftsquelle kamen die Arbeiter der Stiftswiesenquelle wohl zu nah und einige Biberacher, die Angst hatten, dass die Heilbronner ihnen das Wasser abgraben, meldeten das dem Bürgermeister, der prompt einen Baustopp veranlasste", erklärt Böhringer. Die Arbeiter allerdings kamen aus der Stadt zurück und erklärten schlicht, das sei städtisches Gebiet, da hätten die Dörfler mal rein gar nichts zu melden. Das ließen die natürlich nicht auf sich sitzen. „Die Biberacher rächten sich, indem sie verhinderten, dass Rohre zum Hartlesbrunnen zur Sammelstelle verlegt werden konnten, weil das wiederum Biberacher Gebiet war."

Was nun folgte war klar – Rechtsstreitigkeiten. Die brachen allerdings die Biberacher ab, weil sie Geld für die Reparatur des Röhrenbrunnens benötigten, der essentiell für die Wasserversorgung im Ort war. Später kaufte die Stadt noch weitere Quellen dazu.

Die Wassersammelstelle, ein gemauertes Häuschen von 1874, steht immer noch und dient auch immer noch genau diesem Zweck. Wer dort lauscht, hört das Rauschen des Quellwassers, denn auch jetzt wird Heilbronn zum Teil noch mit Wasser aus Biberach versorgt. Weil das Wasser für die Bauern so wichtig war – gab es früher doch noch keine andere Möglichkeit, die Felder zu bewässern – wurde damals schon vertraglich vereinbart, dass die Stadt im Kienbachtal fünf Pumpbrunnen aufstellt. Einer davon war direkt am Häuschen, auch hier haben die Kinder früher gern gespielt. Von den anderen zeugen nur noch nur die großen Metalldeckel mit dem Heilbronner Adler am Boden.

So geht's zum Metalldeckel:

Nach dem Hells Angels-Quartier geht die Straße „Am Förstle" rechts in einen Feldweg über. Gleich links befindet sich die Wassersammelstelle, weiter oben am ersten Feldweg rechts einer der ehemaligen Pumpbrunnen, verschlossen mit einem Metalldeckel.

Hafenmauer

Hamburg am Neckar

Im Heilbronner Stadtviertel Neckarbogen ist alles neu: Für die Bundesgartenschau 2019 wurde das vormals eher heruntergekommene Gewerbegebiet völlig umgestaltet und auf den Kopf gestellt. Seitdem entstehen ständig weitere Gebäude. Alles neu? Nun, fast alles. Direkt gegenüber der Jugendherberge – natürlich auch neu – stehen diese großen Steine als eine Art Sitzbank, und die sehen so gar nicht frisch aus. Sind sie auch nicht. Die Brocken stammen aus dem 19. Jahrhundert und liegen nur wenige Meter von ihrer ursprünglichen Position entfernt.

Gehen wir fast zwei Jahrhunderte zurück. 1848 kommt die Eisenbahn nach Heilbronn und verbindet die Käthchenstadt und Stuttgart nun auch über die Schiene. „Der Hafen hat damals einen unheimlichen Aufschwung erlebt, das Geschäft ist quasi explodiert", erzählt Stadtführer Hans-Ulrich Dollmann. Die Kapazität des Wilhelmskanals (siehe Geheimnis 46) mit seinem integrierten Hafen stößt schnell an ihre Grenzen, vor allem im Winter ist kein Platz mehr für die vielen Schiffe, die hier Zuflucht vor Eisgang und Hochwasser suchen. Willi Zimmermann zitiert in seinem Buch *Heilbronn. Der Neckar: Schicksalsfluß der Stadt* einen Bericht im *Schwäbischen Merkur* vom Januar 1852: „Er ist mit wenigstens 80 Fahrzeugen, davon 50 mit Masten, angefüllt. Eine weitere Flottille von 50 Fahrzeugen liegt vom alten Kran abwärts bis halbwegs Neckargartach, welche sich ängstlich ans Ufer schmiegen und des Löschens ausharren, um einen sicheren Platz zur Überwinterung zu suchen." Ausgelegt sei der Hafen gerade einmal für 50 Schiffe gewesen, ergänzt Hans-Ulrich Dollmann. Daher wird der Ruf nach einem weiteren Hafenbecken laut, doch dessen Lage muss erst mit der geplanten Eisenbahnlinie nach Jagstfeld koordiniert werden. 1852 beginnt die Staatsbahn Württemberg endlich mit dem Bau des neuen Winterhafens. „Die Stadt stellte dafür einen Großteil des Geländes kostenlos zur Verfügung." Was wohl die Dringlichkeit des

Stadtführer Hans-Ulrich Dollmann genießt die Pause umso mehr, weil er alles um die Geschichte seiner Sitzgelegenheit weiß.

Unterfangens unterstreicht. Das Becken wird 175 mal 85 Meter groß und ist mit 14.500 Quadratmetern Wasserfläche um ein Drittel größer als der Wilhelmskanal. Wichtig: „Die Hafeneinfahrt konnte mit zwei Toren gegen Eisgang und Hochwasser abgeschlossen werden", schreibt Willi Zimmermann. Drei Seiten sind abgeböscht, die vierte, dem Neckar zugewandte, hat eine fünf Meter hohe Kaimauer aus Heilbronner Sandstein aus dem Jägerhaussteinbruch. Moment, eine Kaimauer? Für die werden doch große Steine gebraucht? Stammt unsere Sitzgelegenheit etwa davon?

Geduld, Geduld, so weit sind wir noch nicht. „Auf der Kaimauer standen zwei Kräne zum Be- und Entladen", beschreibt der ehemalige Rektor des Elly-Heuss-Knapp-Gymnasiums. An der Nordseite befand sich außerdem die Schiffswerft Bauhardt. „Noch bevor der Hafen dem Verkehr übergeben wurde, lief hier schon das bis dahin größte hölzerne Neckarschiff für einen Haßmersheimer Schiffmann (es war der Urgroßvater des Verfassers) vom Stapel", führt Zimmermann weiter aus.

Der überraschende Fund wurde unter anderem in diese Sitzbank an der Kranenstraße umfunktioniert.

Im September 1855 wird die neue Hafenanlage feierlich eröffnet, die zwar Winterhafen genannt wird, aber nicht nur dem Schutz in der kalten Jahreszeit, sondern auch dem Güterumschlag dient. Heilbronn wird in den nächsten Jahren zum bedeutendsten Umschlag- und Handelsplatz in Württemberg. „In einem Zeitungsartikel wird es das Hamburg am Neckar genannt", erzählt der Stadtführer. Da durch die Eisenbahn die Flößerei aus dem Schwarzwald quasi zum Erliegen gekommen ist, werden die Stämme nun hier zu Flößen zusammengebunden und auf die Reise Richtung Rhein bis nach Holland gebracht. Weil der Hafen so floriert, werden bereits 1861/62 zwei weitere, je 175 Meter lange und 38 beziehungsweise 45 Meter breite

Erweiterungsbecken, die gemeinsam mit dem eigentlichen Winterhafen ein U bilden, gebaut. Nach langer Diskussion kommen 20 Jahre später zunächst der Floßhafen und nach weiteren zehn Jahren der Karlshafen hinzu, deren Namen in den zur Bundesgartenschau neu angelegten Seen auf dem Neckarbogengelände wieder aufleben. „Diese Becken wurden dann allerdings im Zuge des Ausbaus des Neckarkanals Richtung Böckingen Ende der 1920er-, Anfang der 1930er-Jahre zugeschüttet", erzählt Hans-Ulrich Dollmann. 1935 erfolgt die Eröffnung des Heilbronner Kanalhafens, der Winterhafen wird nun nicht mehr gebraucht. „Zunächst wurde er als Müllhalde benutzt und dann nach dem Krieg mit dem Trümmerschutt der Stadt aufgefüllt."

In den 1950er-Jahren wird in diesem Bereich ein Gewerbegebiet angelegt, das mit der Zeit ziemlich herunterkommt, bis es als idealer Standort für die Stadtentwicklung erkannt und das Gelände für die Bundesgartenschau neu modelliert wird. Bei den Grabungsarbeiten entdecken die Mitarbeiter Ende 2015 völlig überraschend die alte Kaimauer. Niemand hatte damit gerechnet, dass sie noch da und vor allem so gut erhalten ist. Die 200 schönsten Steine werden neu zurecht gesägt und dienen seit der Bundesgartenschau als Ufersteine am Neckaruferpark – und ein paar davon ganz prominent in ihrer Originalform als Sitzgelegenheit gegenüber der Jugendherberge. „Heilbronn, die im Zweiten Weltkrieg so stark beschädigte Stadt, verfüge nur noch an wenigen Stellen über historische Gemäuer", zitiert Carola Fuchs in ihrem Artikel *Die Heilbronner haben ihren Neckar wieder* in den *Stuttgarter Nachrichten* Hanspeter Faas, den damaligen Geschäftsführer der Bundesgartenschau Heilbronn 2019 GmbH. Weiter sagt er dort: „Deshalb haben wir die alten Sandsteinblöcke wieder verwendet, auch als Zeichen der Anerkennung und des Respekts vor denen, die den Winterhafen früher gebaut haben."

So geht's zur Hafenmauer:

Die Hafenmauer-Sitzbank liegt direkt gegenüber der neuen Jugendherberge an der Kranenstraße.

Enrico De Gennaro findet, dass das Böckinger Kastell mehr Aufmerksamkeit verdient hat.

Zinnensteine

Was Asterix und Obelix noch kannten

Gewerbebetriebe an drei Seiten, die B 27 als vierte Begrenzung und mittendrin eine kleine Grünfläche. Und auf ebendieser Grünfläche sind zwei quadratische, gemauerte Umrandungen zu sehen. Etwas weiter Richtung Straße: zwei grünlich bewachsene, behauene Steine auf rosarötlichen Steinstelen. Was hat es mit dieser Formation am Rande des Gewerbegebiets in Böckingen auf sich? Enrico De Gennaro kann Licht ins Dunkel bringen. Der Leiter des Römermuseums Güglingen gibt einen ersten Hinweis: „Cäsar eroberte Gallien bis zum Rhein, dann haben die Römer die Grenze in Baden-Württemberg sukzessive weiter vorgeschoben.“

Vom Rhein bis nach Böckingen sind es schon noch ein paar Kilometer. Erst unter Kaiser Domitian (51-96) entstand der Neckar-Odenwald-Limes weiter östlich als neue Grenzlinie. „In regelmäßigen Abständen bauten sie Kastelle, um mit dort stationierten Gruppen eine gesicherte Verkehrsverbindung zwischen den Standorten, quasi den Vorläufer der B 27, zu beschützen", erläutert Enrico De Gennaro, der Ur- und Frühgeschichte sowie die Archäologie des Mittelalters und der Neuzeit studiert hat.

Eines dieser Kastelle stand nun tatsächlich hier in Böckingen, erbaut mit ziemlicher Sicherheit unter Kaiser Domitian. Die ursprüngliche Gesamtfläche im Gewann Steinäcker von 149,5 mal 133 Meter ist heute fast vollständig überbaut. Übrig geblieben ist nur jene kleine Grünfläche. Bereits 1615 war in der Nähe ein Weihestein eines Centurio der 8. Legion gefunden worden, im 17. und 18. Jahrhundert folgten weitere Entdeckungen von Inschriften, in denen eben diese 8. Legion, aber auch eine Truppe der Helvetier erwähnt wurden. „Insgesamt waren hier etwa 500 Mann stationiert, nachgewiesen sind drei verschiedene Gruppen, sogenannte Kohorten, die hier nacheinander ihren Dienst taten", erklärt der Historiker. Das waren die *Cohors V Delmatarum*, die *Cohors I Helvetiorium*, angegliedert an die 8. Legion, daher auch der erste Fund, und *Numerus Brittonum Murrensium*. Das klingt vielleicht zuerst wie böhmische Dörfer, aber die Namen verraten relativ viel. Delmatarum etwa bestand aus Soldaten aus der römischen Provinz Dalmatien, sie stammten also von der Balkanhalbinsel, während Helvetiorium auf einen keltischen Volksstamm hinweist. „Der war früher im Gebiet Baden-Württembergs angesiedelt, zog sich dann aber ins Schweizer Mittelland zurück." Helvetia wird heute noch als Synonym für die Schweiz verwendet. „Die Kohorten stammten immer aus unterschiedlichen Teilen des römischen Reichs und niemals waren welche aus derselben Gegend in benachbarten

„Die Kohorten stammten immer aus unterschiedlichen Teilen des römischen Reichs und niemals waren welche aus derselben Gegend in benachbarten Kastellen untergebracht, damit sie nicht in ihrer Muttersprache kommunizieren konnten."

Kastellen untergebracht, damit sie nicht in ihrer Muttersprache kommunizieren konnten", verrät De Gennaro eine Taktik des riesigen Reichs. Sonst hätten sich diese ja vielleicht zusammentun und gegen ihre Machthaber auflehnen können.

Man kann es sich denken: In ihrem ummauerten Kastell lebten die Soldaten keineswegs still und leise vor sich hin. „Im Anschluß an das Kastell, das ja an dieser Stelle einen wichtigen Flußübergang über den Neckar militärisch zu sichern hatte, entstand zunächst ein Lagerdorf in römischer Zeit und beim heutigen Sonnenbrunnen eine römische Kultstätte für den persischen Sonnengott Mithras", erläuterte Stadtarchivleiter Dr. Helmut Schmolz am 27. Februar 1985 in einer Stellungnahme für den Gemeinderat zur Bedeutung des Kastells. Dort siedelten sich Handwerker, Gaststätten und Bordelle an. Kein Wunder, schließlich winkte hier guter Verdienst, waren es doch die Soldaten, die mittels ihres Solds zur damaligen Zeit das Geld in Umlauf brachten. Aber Moment, welcher Neckar denn? Der ist von hier aus höchstens zu erahnen. „Der Neckar hatte zur Römerzeit einen anderen Flußlauf und ein tieferes Flußbett; auch das den periodischen Ueberschwemmungen ausgesetzte Gelände des Neckarthals muß tiefer gelegen haben als jetzt", schrieb Dr. August Bilfinger in seinem Aufsatz *Einiges über das Römer-Kastell Heilbronn-Böckingen.* Der erschien 1900, da war das Kastell noch gar nicht lange entdeckt. Ein gewisser Konrad Miller „wies mit voller Bestimmtheit auf den richtigen Platz infolge einer Exkursion, die er mit seinen Schülern am 29. Juni 1886 machte", erklärt Heinrich Steimle, der die folgenden Grabungsergebnisse durch die Reichslimeskommission 1895 und dann umfangreicher 1897 in seinem Büchlein *Das Kastell Böckingen* dokumentierte.

Diese beiden Zinnen- und Abdecksteine stammen von der Ummauerung des Nordtors.

Gut erhalten waren die Bauten damals wohl nicht, wie Steimle beschreibt. Nach oben aufgehendes Mauerwerk war nur an ein oder zwei Stellen erhalten, das Fundamentmauerwerk vielfach verschwunden. Trotzdem konnten die Umfänge des Kastells erkannt werden. „Es war ein Rechteck mit abgerundeten Ecken und vier Toren", erklärt Enrico De Gennaro. Heute könne man nachvollziehen, dass es als Holz-Erde-Kastell gegründet, aber rasch in Stein ausgebaut wurde. Sonst wäre vermutlich inzwischen gar nichts mehr vorhanden. In der Mitte befand sich die Principia für den Stab der Kohorte, dem Fahnenheiligtum und der Soldkasse, der Exerzierhalle sowie dem Wohngebäude des Kommandanten. Außen herum standen Baracken für die Soldaten, unterteilt in die kleinste Organisationseinheit, ein Zelt mit acht Personen. Um das Kastell herum gruben die Soldaten gleich zwei Spitzgräben als Annäherungshindernis.

Was aber nun waren ursprünglich die Überreste, die heute noch zu sehen sind, die quadratischen Mauern und die beiden extra gelagerten Steine? „Das ist das Nordtor, es wurde 1959 gefunden", erklärt der Römerexperte mit Blick auf die Mauern. Die beiden Quadrate sind die Fundamente der Tortürme, die nach dem Ende der Grabungen neu aufgemauert wurden, dazwischen liegt die zweigeteilte Durchfahrt. Die auf den Stelen platzierten Relikte sind ein Abdeck- und ein Zinnenstein von der Ummauerung am Nordtor. Die haben nun schon seit über 1800 Jahren keine Funktion mehr, denn das Kastell wurde um 150/160 n. Chr. aufgegeben. „Zu diesem Zeitpunkt wurde die Kohorte der Helvetier nach Öhringen an den neuen obergermanischen-raetischen Limes verlegt, deswegen wissen wir das so genau", freut sich Enrico De Gennaro. Die kleine Grünfläche mit den Überresten inmitten von Gewerbe und Verkehr ist das einzige, was davon oberirdisch noch zu sehen ist.

So geht's zu den Zinnensteinen:

Der Fußweg entlang der B 27 hat auf Höhe der Georg-Vogel-Straße einen kleinen Buckel. Am obersten Punkt durch die Fußgängerbarrieren gehen und rechts auf den kleinen Weg abbiegen. Am Ende liegen die Zinnensteine auf zwei rosarötlichen Quadern.

Deutschhofstr.
Kramstraße
30
ZONE

Fleischhaus

Steingebäude voller Geschichten

Trotz des frischen Windes sitzen die Menschen an diesem Vormittag gern draußen, genießen Kaffeespezialitäten und Leckereien aus der Tagbar. Wie geschichtsträchtig der Ort ihres Treffens ist, ist den meisten dabei sicher nicht bewusst. Das Gebäude, in dem sich das Bistro befindet, das Fleischhaus in der Kramstraße, gehört zu den wenigen wirklich alten in der Heilbronner Innenstadt, die nach der Zerstörung am 4. Dezember 1944 wieder aufgebaut wurden. In mehr als vier Jahrhunderten hat das Gebäude jede Menge Geheimnisse angesammelt.

Gebaut wurde das Fleischhaus im Stil des Manierismus um 1600 von Baumeister Hans Stefan. Damals war es eines der wenigen Steinhäuser, die in Heilbronn gebaut wurden. „Der Begriff steinreich kommt nicht von ungefähr, das konnte sich einfach nicht jeder leisten", erläutert Stadtführer Thomas Bösch.

Heute befindet sich in den Arkaden im Erdgeschoss Gastronomie. Früher waren diese allerdings offen. Dort wurde Vieh geschlachtet und mit Fleisch gehandelt – der Namensgeber bis heute. „Als Goethe sich das ansah, lobte er die hygienischen Zustände im Vergleich zu Frankfurt", meint Bösch verschmitzt. Bis zum Bau des städtischen Schlachthofs 1880 diente das Gebäude dem Fleischumschlag. Während es unten also um Rouladen, Braten und Keulen ging, ging es im ersten Stock deutlich kerniger zur Sache. Dort war nämlich das Gericht angesiedelt. „Heilbronn war zu dieser Zeit Reichsstadt, hatte damit auch einen sogenannten Blutbann, das heißt, hier durften Todesurteile ausgesprochen werden, die dann später auf dem Galgenberg vollstreckt wurden." Natürlich befand dieser sich weit außerhalb der Stadt, ließ man die armen Teufel doch im Allgemeinen

„Als Goethe sich das ansah, lobte er die hygienischen Zustände im Vergleich zu Frankfurt."

Stadtführer Thomas Bösch weiß um die Geschichte des Fleischhauses.

einfach da hängen. Ein Denkmal erinnert noch heute an den dreibeinigen Galgen, der auf einem dicken Fundament stand und 1811 abgebaut wurde.

Die andere Nutzung der Räumlichkeiten waren wohl weniger gewalttätige Hochzeiten. Während Brautpaare heutzutage über zig Messen ziehen, um die geeignete Location für den schönsten Tag ihres Lebens zu finden, hatten die reicheren Bürger ab 1665 keine Wahl – sie mussten im Fleischhaus heiraten. „Es war wie gesagt eines der wenigen Steinhäuser, und weil die Leute bei diesen Feiern ordentlich gesoffen haben, bestand immer die Gefahr, dass irgendeiner Lampen und Kerzen umwirft und ein Feuer ausbricht", erzählt der Bad Friedrichshaller. Feuer war in dieser Zeit die größte Angst, standen die Häuser doch alle dicht an dicht und nur ein Funke konnte ausreichen, um ein Fachwerkhaus nach dem anderen in eine lodernde Fackel zu verwandeln.

„Es war wie gesagt eines der wenigen Steinhäuser, und weil die Leute bei diesen Feiern ordentlich gesoffen haben, bestand immer die Gefahr, dass irgendeiner Lampen und Kerzen umwirft und ein Feuer ausbricht."

Wie Recht die Heilbronner mit diesem Gesetz hatten, zeigt ein Blick auf die britische Insel. 1666 brannten vier Fünftel Londons ab. Wie alle anderen großen europäischen Städte war auch diese eng mit Fachwerkhäusern bebaut. Ein Funke aus einer Bäckerei reichte damals aus und sie brannten wie Zunder. Die Angst vor Feuer ging in Heilbronn sogar so weit, dass Mitte des 17. Jahrhunderts die Stadtverordnung das Rauchen innerhalb der Stadtmauern untersagte. „Das konnte natürlich nicht durchgesetzt werden, auch nicht die spätere Änderung, die es nur noch bei starkem Wind verbot", erklärt der Stadtführer. Am 6. Mai 1743 ließ das Personal im Haus des Konsuls Weitrecht mitten in der Stadt in der Nähe der Schulgasse den Ofen unbeaufsichtigt – 51 Häuser brannten ab. „Es war verheerend", kommentiert Thomas Bösch.

Das Fleischhaus ist aber tatsächlich auch die Wiege einer Weltmarke. 1838 verpachtete die Stadt die Beletage, also den ersten Stock, an einen gewissen Carl Heinrich Theodor Knorr (1800–1875). Der Unternehmensgründer trocknete dort zwei Jahre lang Zichorien für den damals beliebten Ersatzkaffee, den er in seinem Lebensmittel- und Kolonialwarengeschäft in der Kaiserstraße verkaufte. Heute ist Knorr eine von über 400 Marken im Unilever-Konzern, einem der größten Konsumgüterriesen der Welt. „Ich bin 2008 mal auf 3500 Meter Höhe in Nepal über einen Markt gegangen und sah plötzlich einen kleinen Karton mit Knorr Hühnerbrühe – das findet man wirklich in jedem Winkel der Welt", stellt Bösch fest.

Im Anschluss diente der erste Stock viele Jahre als Museum für verschiedenste Exponate. Auch nach dem Krieg bezogen erst das Stadtarchiv, dann die Städtischen Museen das Fleischhaus, bis es im Sommer 2012 zur gewerblichen Nutzung umgebaut wurde. Selbst in der Tagbar findet sich ein Stück Geschichte, denn für den Innenausbau wurde Platanenholz von Bäumen an der Allee genutzt, die beim Stadtbahn-Ausbau weichen mussten.

Wer aufmerksam um das Gebäude herum geht, findet noch einige weitere bemerkenswerte Dinge. So sind am Renaissance-Treppenturm an der Südwestecke zwei historische Hochwassermarken vom 30. Oktober 1824 und vom 28. Mai 1817 angegeben. Zwar ist der Altarm des Neckars auch heute nicht weit weg, doch damals hätte man bis zum Bauch im Wasser gestanden. „Zu dieser Zeit gab es noch kein Hochwassertor und auch noch keinen Neckarkanal", erinnert Bösch. Dank diverser Uferschutzbauten kann es heutzutage auch nicht mehr bis hierhin gelangen. Und dann wären da ja auch noch die rundlichen Gebilde auf der Südseite. Es handelt sich hierbei um Kunstwerke namens „floor pieces" von der Heilbronner Künstlerin Bettina Bürkle, die 1993 als Reminiszenz an das naturhistorische Museum, das sich damals im Inneren befand, aufgestellt wurden.

So geht's zum Fleischhaus:

Das Fleischhaus steht in der Kramstraße 1 in der Innenstadt.

Gewände

Ein kleines bisschen Burg am Schloss

Das Deutschordensschloss in Kirchhausen wurde ungefähr von 1572 bis 1580 erbaut (siehe Geheimnis 15). Unter den Arkaden fallen ein zugemauerter Zugang und ebenso ein verschlossenes Fenster ins Auge. „Es gibt kaum ein Renaissanceschloss in der Gegend, das keine mittelalterliche Burg als Vorgänger hatte", erklärt Nicolai Knauer. Der Burgenforscher ist überzeugt, dass diese einstigen Öffnungen, deren Flächen dank ihres schrägen Einschnitts in die Mauer als Gewände zu bezeichnen sind, zur ursprünglichen Burg, also zum Vorgängerbau, gehörten.

In Kirchhausen gab es vermutlich einmal drei verschiedene Burgen, vielleicht sogar noch mehr Adelssitze. „Das war damals eine sehr komplexe Situation", erläutert Nicolai Knauer. „Den ersten Hinweis auf einen im Ort ansässigen Adel findet man in einer Urkunde von 1314, in der ein Ritter Helferich von Talheim, Vogt zu Kirchhausen, erwähnt wird", schreibt Knauer in der *Broschüre über das Schloss*, die er gemeinsam mit Joachim Hennze verfasst hat. Dieser Ritter wiederum diente den Grafen von Vaihingen und dann gab es noch zig andere Adlige, die in Kirchhausen wohnten.

Es muss mindestens drei Burgen gegeben haben, die auch noch jeweils verschiedene Lehensträger hatten. Im 14. Jahrhundert ging Kirchhausen und damit auch seine Burgen an das Haus Württemberg. So ist von einer oberen und einer unteren Burg die Rede, zusätzlich von einem sogenannten „burgstal". „Manche denken, das hatte was mit einem Stall zu tun, aber Stal bedeutete im mittelhochdeutschen Stelle, es war also der Ort einer aufgegeben Burg", erklärt der Bauforscher. Doch selbst wenn das eigentliche Bauwerk nicht mehr stand, waren damit immer noch Rechte und Besitzungen verbunden.

„Ich gehe davon aus, dass wir uns hier beim Schloss am Standort der unteren Burg befinden, die als Lehen an verschiedene Niederadelsgeschlechter ging." Es war eine Wasserburg, den nicht mehr ganz so

Nicolai Knauer geht davon aus, dass diese zugemauerten Öffnungen ursprünglich zur Vorgängerburg gehörten. Die Ofenkachel fand er im möglicherweise mittelalterlichen Turm.

tiefen Wassergraben drum herum gibt es schließlich immer noch – auch wenn er jetzt mit Spielplatz und Rasenfläche wenig Abschreckendes hat. Jedenfalls konnte so eine Wasserburg nur auf einem Balkenrost mit ein paar tausend in den Boden gerammten Eichenstämmen erbaut werden. „Hier hatte man also schon einen guten Untergrund und den ganzen Aufbau, das wollten auch der Deutsche Orden und dessen Hoch- und Deutschmeister sowie Erbauer Heinrich von Bobenhausen für sich nutzen."

Vielleicht wurde aber noch mehr als nur der Untergrund weiter verwendet. Der Südostturm habe eine etwas merkwürdige Form, beschreibt Knauer. Alle anderen sind nämlich innen rund, dieser aber ist es nur im oberen Bereich mit dem Treppenaufgang. „Als ich mal durch eine der Schlüssellochscharten schaute, war ich mir sicher, dass es ein Untergeschoss geben muss", berichtet er von seinen Recherchen. Tatsächlich fand er unter dem Linoleum eine Luke. „Da ging es nicht tief runter, aber der Turm war plötzlich viereckig." Vielleicht also wurde der mittelalterliche Turm umgestaltet.

Doch damit nicht genug. Eine Sage in Kirchhausen berichtet von einem unterirdischen Gang unter dem Wassergraben hindurch. „Solche Geschichten gibt es überall und oft ist es sehr absurd, wo diese Gänge alle hinführen sollen." Doch ein älterer Einwohner erzählte Knauer, dass er als Kind, als sich die Schule während des Zweiten Weltkriegs und bis 1954 im Schloss befand, mit seinen Mitschülern in den Turm runter ging und dass von dort ein Gang ins Dunkle führte. Knauer schaute sich das Ganze näher an und entdeckte erstmal nur jede Menge Schutt. Nichts Historisches, weswegen die folgende Grabungsaktion mit den Alten Herren der Fußballabteilung des FC Kirchhausen auch keine archäologische Ausgrabung war. „Die gefundenen alten Zeitungen waren allerdings aus einer Zeit vor der Kindheit des älteren Einwohners." Doch jetzt wollte es die Gruppe wissen, grub immer tiefer. „Plötzlich wurde der viereckige Turm wieder rund, so was Komisches ist mir noch nie begegnet", berichtet der langjährige Burgenforscher. Merkwürdige Formen hätten in der Bauforschung fast immer etwas

„Plötzlich wurde der viereckige Turm wieder rund, so was Komisches ist mir noch nie begegnet."

mit Umbauten oder Umplanungen zu tun, führt Knauer aus. „Da die anderen drei Türme, soweit man sie einsehen kann, innen komplett rund sind, denke ich, dass der Südostturm im Kern ein Relikt der alten Burg ist.“ Vielleicht seien es sogar drei Bauphasen gewesen, aber da müsse man wie so oft in diesem Bereich im Konjunktiv bleiben. Er hat allerdings auch noch eine weitere These. „Der enge Zugang durch den Gewölbescheitel ist ähnlich wie bei den mittelalterlichen Bergfrieden, deren Untergeschoss auch als Verlies genutzt wurde – es könnte also auch ein Gefängnis gewesen sein.“ Das Nachweisbare im Nordostturm wurde erst später eingerichtet. Knauer fand während der Arbeiten außerdem unter anderem die Ecke einer grün glasierten Ofenkachel, die laut Expertise älter als das Schloss sein muss, etwa aus dem frühen 16. Jahrhundert.

„Der enge Zugang durch den Gewölbescheitel ist ähnlich wie bei den mittelalterlichen Bergfrieden, deren Untergeschoss auch als Verlies genutzt wurde – es könnte also auch ein Gefängnis gewesen sein.“

Zurück zu den Zugängen. Bei genauer Betrachtung haben die Gewände einen anderen Stil als alle anderen Türen und Fenster. „Obwohl auch sie renaissancezeitlich sind, gehören sie höchstwahrscheinlich zu einer früheren Umbauphase der Burg und sind somit ein kleines Relikt aus dieser Zeit“, beschreibt es Knauer. Auf einen Quergang sind er und seine Mitstreiter bei ihrer Ausräumung übrigens nicht gestoßen, diese Sage bleibt also erstmal ein Geheimnis.

So geht’s zum Gewände:

Die zugemauerten Öffnungen befindet sich im Schlosshof unter den Arkaden des Südflügels, Schloßplatz 2 in Kirchhausen.

Das von Ludwig Pfau mitentworfene Kaiser-Wilhelm-Denkmal stellt dessen Errungenschaften, nicht den Kaiser selbst in den Vordergrund.

Kaiser-Wilhelm-Denkmal

Leistung statt Personenkult

1888? Da konnte man schon mal den Überblick darüber verlieren, wer eigentlich gerade herrschte. Schließlich saßen in diesem Jahr gleich drei Kaiser auf dem deutschen Thron: Nachdem Kaiser Wilhelm I. (1797-1888) am 9. März in Berlin verstarb, folgte ihm sein Sohn Friedrich Wilhelm (1831-1888) als Friedrich III. Der aber war an Kehlkopfkrebs erkrankt und starb nach exakt 99 Tagen Regentschaft am 15. Juni in Potsdam. Nun bestieg sein ältester Sohn Friedrich Wilhelm (1859-1941) als Kaiser Wilhelm II. den Herrscherstuhl als Deutscher Kaiser und König von Preußen. Will heißen: Innerhalb von gut drei Monaten regierten drei Herrscher aus drei Generationen das

Deutsche Reich. Aber nur einer von ihnen, nämlich Wilhelm I., löste einen wahren Denkmalkult aus – kein Wunder, hatte er doch mehr als ein Vierteljahrhundert die Geschicke des Reichs gelenkt.

Auch in Heilbronn, das stand bereits im Frühjahr 1888 fest, sollte ein Denkmal her. Seine Entstehung hat allerdings eine ganz besondere Geschichte, wurde es doch von einem Mann entworfen, der nicht nur ein großer Preußen-Kritiker war, sondern speziell diesen Kaiser, dem er nun mit dem Denkmal huldigen sollte, wirklich so ganz und gar nicht leiden mochte. Und das kam so: Kaiser Wilhelm I. war eigentlich äußerst beliebt. „Er genoss großes Ansehen beim Volk, schließlich galt er als Gründer des Deutschen Kaiserreiches und man war stolz auf den geeinten Nationalstaat", erläutert Miriam Eberlein, die sich intensiv mit der Geschichte um dieses Ehrenmal beschäftigt hat. Klar, dass in Windeseile in zig verschiedenen Orten die ersten Denkmäler für ihn aufgestellt wurden. Zwar sammelte ein württembergisches Landeskomitee für ein großes Exemplar fleißig Spenden, aber die Heilbronner wollten ihr eigenes haben. Es wurde eines, das so ganz anders aussieht als die anderen – dank Ludwig Pfau. „Er wird mit der Aussage zitiert: Da wollte ich lieber etwas Hübsches entstehen sehen als einen Schund", erzählt die stellvertretende Leiterin des Heilbronner Stadtarchivs schmunzelnd. Ja, Pfau hatte so seinen eigenen Kopf.

Ludwig Pfau, am 25. August 1821 in Heilbronn geboren (gest. 1894), ist nicht nur Schriftsteller und Publizist, sondern auch Kunstkritiker. Vor allem aber: ein durch und durch politischer Mensch. „Er war sehr aktiv in der Revolution von 1848, ein sehr streitbarer Mensch, der danach auch ins Exil musste", erzählt Miriam Eberlein. Vor allem aber ist er Zeit seines Lebens ein überzeugter Demokrat und dementsprechend so gar kein Freund von Kaiser Wilhelm I. . Die Idee einer deutschen Einheit fand er grundsätzlich zwar schon erstrebenswert, aber unter Führung der Preußen? Nein danke. „Er war ein vehementer Preußenhasser, lehnte Monarchie und den Adel ab, sogar das geflügelte Wort ‚Karthago muss zerstört werden' wandelte er dafür ab: Preußen muss zerstört werden", erzählt die Historikerin. Und Wilhelm I., den hasste er ganz besonders, war jener doch noch als Kronprinz für ein Blutbad unter Demonstranten während der 1848er-Revolution verantwortlich gewesen. Da stellt sich also die Frage, warum ausgerechnet so jemand an einem Denkmal für eine so verabscheute Person mitwirkte?

Vielleicht weil er es nicht lassen konnte, sich einzumischen. Nach dem Tod des Kaisers bildete sich auch in Heilbronn ein Komitee, das der Frage nachging, wie ein entsprechendes Monument denn aussehen sollte. „Ende 1888, Anfang 1889 gab es schon drei Entwürfe, da war Pfau aber noch nicht beteiligt", erläutert die wissenschaftliche Archivarin. Wohl aber hatte er das Robert-Mayer-Denkmal für den größten Sohn der Stadt mitentworfen, das heute auf dem Marktplatz steht. „Das lief in etwa zur selben Zeit, da gefiel ihm der erste Entwurf nicht, also machte er seinen eigenen gemeinsam mit dem Bildhauer Wilhelm Rümann aus München." Wegen Robert Mayer also reiste Pfau im Frühjahr 1889 nach Heilbronn, wo er wohl die ersten Entwürfe für das Kaiser-Ehrenmal zu Gesicht bekam. Diese gefielen ihm überhaupt nicht. „Er zerlegte daraufhin den favorisierten Entwurf von Otto Rieth aus Stuttgart, von dem es leider wohl keine Skizze mehr gibt, mit zwei Zeitungsartikeln in *Der Beobachter*." Es sei nicht ganz klar, ob die Stadt ihn daraufhin aufforderte, sich an dem Projekt zu beteiligen oder ob er sich nicht selbst mehr oder weniger dezent als Ideengeber in Spiel brachte.

Bekannt ist aber, dass Otto Rieth (1858-1911) eine barockisierende, monumentale Säule mit einer Riesenbüste geplant hatte, umrahmt von Reliefbildern von Generalfeldmarschall Helmuth von Moltke, Otto von Bismarck und Kaiser Friedrich III., Wilhelms Sohn. Da kommt eben jenes „Schund"-Zitat ins Spiel, denn diese Glorifizierung des Kaisers schmeckte Pfau logischerweise so gar nicht. „Das war für ihn das Schlimmste, alles, was die Person in den Mittelpunkt stellte, denn er wollte auf keinen Fall einen Wilhelm-Kult fördern", erzählt Eberlein. Ein Gegendenkmal also gewissermaßen? Eines, das den Geehrten klein halten sollte? Auch wenn es zu Pfau und seiner Haltung passen würde, ganz so extrem sollte es dann doch nicht werden.

Der Kunstkritiker Pfau und der Bildhauer Rümann arbeiteten also erneut zusammen und auch dabei ging es nicht immer friedlich zu. In einem Brief an die befreundete Schriftstellerin und Kunstkritikerin Anna Spier (1852-1933) schrieb Pfau: „Es ging nicht ohne Strauß ab. Mit der Hauptgruppe war ich gar nicht zufrieden und er musste sie ganz neu machen." Rümann (1850-1906) merkte wohl auch mal an, wenn es nicht der Pfau gewesen wäre, hätte er den Mann schon längst aus seinem Atelier geworfen.

Wahrlich, ein Blick auf das Denkmal zeigt: Eigentlich steht der Kaiser mit seinem Namen und einer Reliefmedaille, laut Pfau die bescheidenste Art, jemanden darzustellen, zwar genau im Mittelpunkt des Gesamtwerks, doch im Zentrum der Aufmerksamkeit ist vielmehr eine Frau mit zwei Knaben. Sie stellt die Germania dar, die beiden Knaben sind Nord- und Süddeutschland, die sich die Hände reichen, während die Germania sie versöhnend umarmt. „Das spielt auf die Einheitsleistung Kaiser Wilhelms an, der es schaffte, die deutschen Länder zu einem Reich zusammen zu bringen." Denn diese Leistung erkannte Pfau durchaus an, weswegen er genau diese in den Vordergrund stellen wollte. Dementsprechend ist die Germania auch nicht so kriegerisch dargestellt wie es sonst zu dieser Zeit üblich war. Das hatte Rümann wohl ursprünglich anders geplant, wie dem bereits erwähnten Brief zu entnehmen ist. Rümann „hatte sich von dem Victoria schreienden Chauvinismus noch nicht losmachen können und der Germania ein großes Schwert […] in die Hand gegeben. Ich fragte ihn aber, ob er je gesehen habe, daß eine Mutter, die ihre Kinder versöhnen wolle, zu diesem Geschäft einen Säbel mitnehme?", schrieb Pfau an Anna Spier. Rümann änderte das daraufhin ab.

Miriam Eberlein nimmt vor dem Kaiser-Wilhelm-Denkmal eine passende Pose ein.

Das Denkmal aus Granit und Marmor krönt die geflügelte Siegesgöttin Viktoria, die die Kaiserkrone in den nach oben ausgestreckten Händen hält. „Heute sehen Kunsthistoriker darin einen gewissen Widerspruch, denn einerseits sollte Kaiser Wilhelm nicht im Vordergrund stehen, sondern seine Leistung, gleichzeitig wird aber die Krone glorifiziert und damit dann doch auch das Kaisertum", stellt Eberlein fest. Und das von einem Kaiserhasser und Demokraten. Wie es dazu kam und ob Rümann sich hier am Ende durchsetzte, bleibt wohl für immer ein Geheimnis der beiden Künstler.

An den anderen Seiten des Hauptsteins sind die wichtigsten Daten des deutsch-französischen Krieges (1870/71) und der Reichsgründung auf Bronzetafeln aufgelistet. „Auch das ist bezeichnend, denn viele Denkmäler zu Wilhelm I. stellen den Sieg über Frankreich in den Mittelpunkt", sagt die Historikerin. Speziell die Erwähnung der Reichstagseröffnung in Berlin am 21. März 1871 sei ihres Wissens eine Besonderheit für ein Kaiser-Wilhelm-Denkmal. „Vielleicht ein kleines demokratisches Element." Das macht die Krone mehr als wett.

Am 2. September 1893, passend zum 23. Jahrestag der kriegsentscheidenden Schlacht von Sedan, wurde das riesige Stück auf der Allee vor der Harmonie, der guten Stube der Stadt, aufgestellt und avancierte zum beliebten Fotoobjekt und Treffpunkt für Verliebte. 66 Jahre später schreibt die *Heilbronner Stimme*: „Musikkapellen schmetterten zackige Märsche und die Bürgerschaft schrie ehrerbietig Hurra und Vivat, wie es sich für ein Kaiserdenkmal geziemte." Anlass des Berichts war, dass das Denkmal im August 1959 dem Straßenumbau weichen musste. Beim Umsetzen der rund 25 Tonnen schweren Statue halfen die in Heilbronn stationierten Amerikaner, genauer das 237. Engineer-Bataillon. Sie stellten einen Kranwagen zur Verfügung, der das Denkmal in Einzelteilen zu seinem neuen Standort im Alten Friedhof brachte. „Man brauchte halt einen großen Platz und der war frei geworden, nachdem hier früher das Leichenhaus stand, das später auch als Museumgebäude diente, aber 1944 zerstört wurde", erklärt sich Miriam Eberlein die Wahl. Ludwig Pfau sei jemand gewesen, der den Raum um die Kunst immer mit im Auge hatte. „Ich weiß nicht, was er über diesen Standort gedacht hätte", meint sie verschmitzt, „aber vielleicht hätte es ihm gefallen, dass die Monarchie hier quasi begraben liegt."

So geht's zum Kaiser-Wilhelm-Denkmal:

Das Denkmal steht auf dem Alten Friedhof zwischen Schiller- und Weinsberger Straße.

Der Treppenaufgang zur Albankirche verbirgt sein Geheimnis am oberen Ende.

14

Treppenaufgang

Ehemalige Grabsteine werden zu echten Stützen

Der Treppenaufgang zur evangelischen Albankirche in Frankenbach hat etwas leicht Morbides – zumindest wenn man weiß, woran man sich da hinaufhangelt. Die Handläufe links und rechts der Stufen ruhen oben auf zwei Steinen, die wie dafür gemacht scheinen. Doch eigentlich sind es – Grabsteine. „Sie gehören zu den Gräbern von zwei Pfarrern, die hier kurz nacheinander gestorben sein müssen", erklärt Helga Schillinger vom Interessenkreis Heimatgeschichte Frankenbach.

In früheren Zeiten war es üblich, dass sich der Friedhof eines Ortes unmittelbar um die Kirche herum befand. „Erst Napoleon verpflichtete die Gemeinden Anfang des 19. Jahrhunderts, ihre Friedhöfe außerhalb des Ortes anzulegen", erläutert die Heimatforscherin. „Durch Napoleons Reformdekret von 1804 wurde die Bestattungsordnung in den von ihm verwalteten Gebieten verweltlicht und neu gestaltet", wie es Alfried Schmietz in seinem Artikel *Geschichte der Friedhöfe* beschreibt. Zwar entstanden auch zuvor, etwa als im 14. Jahrhundert die Angst vor der Pest immer größer wurde, auf kaiserlichen Erlass hin Friedhöfe außerhalb von Städten und Dörfern und die Reformation trug ebenfalls dazu bei, dass Begräbnisse in den Kirchen und innerhalb der Stadtmauern nach und nach abgeschafft wurden. Aber erst im 19. Jahrhundert war es allgemein üblich geworden, diese grundsätzlich außerhalb anzusiedeln – allein schon, um mehr Platz für die wachsende Bevölkerung zu bekommen. „Vermutlich stank das damals auch ordentlich", ergänzt Schillinger. Der neue Friedhof befand sich dann zwischen Neckargartach und Frankenbach und kam nach 1900 wieder zurück ins Dorf. Er wurde auf der anderen Seite des Dorfgrabens hinter der Albankirche angelegt, wo er auch heute noch ist.

„Vermutlich stank das damals auch ordentlich."

Das erklärt also die Grabsteine am Treppenaufgang. Nur an einem von ihnen ist die Inschrift noch leicht zu erkennen. Er gehört Gottlob Bernhard Gsell, der hier seit 1779 Pfarrer war und 1787 verstarb. Der Aufsatz erinnert entfernt an eine Krone oder ein Birett, die in früheren Jahrhunderten übliche Kopfbedeckung eines Pfarrers. Wie diese Grabsteine nun zu Stützen des Geländers wurden, kann sich Helga Schillinger auch nicht so recht erklären. Klar ist aber, dass es sich um Überbleibsel des Friedhofs handelt. „Vermutlich dachte man sich einfach, die sehen doch ganz hübsch aus und passen gut da hin."

So geht's zum Treppenaufgang:

Der Treppenaufgang zur Albankirche befindet sich in der Kirchgasse 8 in Frankenbach.

Besonders faszinieren Weinjournalist Kilian Krauth die vielen Inschriften, die quasi die gesamte Baugeschichte dokumentieren.

Inschriften

Vom Zweckbau zur Vergnügungsstätte

Weinberghäuschen sind in Heilbronn, immerhin die älteste Weinbaustadt im heutigen Württemberg, kein seltener Anblick. In der Regel sind es Holzhütten, die früher als Gerätelager und Unterstand dienten. „In Heilbronn gab es aber auch die Tradition, dass sich reiche Kaufleute und Industrielle einen eigenen Wengert mit Häuschen leisteten, die waren dann stattlicher und wurden eher für Feste genutzt“, weiß Kilian Krauth. Mit einem davon, dem Tscherningschen Häuschen, hat sich der Lokalredakteur der *Heilbronner Stimme* intensiv beschäftigt.

Bereits seit Anfang der 1990er-Jahre ist der Duttenberger als Weinjournalist tätig, hat seitdem viele schöne Erlebnisse im Zusammenhang mit dem Kulturgetränk gehabt und in ganz Europa die Stars der Szene getroffen. Ein Termin aber ist als besondere Erinnerung hängengeblieben: An Heiligabend 1996 traf sich Krauth mit dem Heilbronner Wengerterpatron Adolf Heinrich, dem Kaufmann Gerhard Zehender und dem Augenarzt Dr. Christian Haellmigk, damals allesamt Mitglieder der ehrwürdigen Gräßle-Gesellschaft, oft als ältester Stammtisch Deutschlands bezeichnet, um sich eben genau das Tscherning'sche Häuschen am Wartberg anzuschauen. „Es war damals in keinem schönen Zustand und die Gräßle-Gesellschaft hat es sich als Projekt auserkoren, Geld gesammelt und ein Jahr später auch saniert", erinnert sich Kilian Krauth, der nebenbei als Hobbywengerter im Jagsttal einen acht Ar großen Weinberg bewirtschaftet.

Besonders spannend für den examinierten Theologen und Germanisten war aber, als sie gemeinsam versuchten, die zahlreichen Inschriften zu entziffern, die sowohl auf der Nord- als auch der Südseite eingraviert sind. Alles auf Latein. Schnell stellte sich heraus: „Damit ist quasi die gesamte Lebens- und Baugeschichte dokumentiert worden, jeder, der etwas verändert oder saniert hat, hat sich hier verewigt."

Es beginnt mit der Zahl *1513* im Türbogen des südlichen Kellereingangs, dem Baujahr. Die beiden Schießscharten links und rechts der Tür weisen schon darauf hin, dass es damals wohl einem anderen Zweck diente. „Heilbronns Chronist Friedrich Dürr nennt in seiner Chronik unser Weinberghäuschen von 1513 eine ‚specula bellica', eine ‚Kriegswarte'", schreibt Dr. Joachim Hennze in seiner Festschrift *500 Jahre Weinberghaus in Heilbronn*. Am Fuße des Wartbergs harrten ein oder mehrere Heilbronner aus und schauten, ob sie in der Ferne jenseits des Neckars Rauch von Lagerfeuern einer feindlichen Armee oder das Blitzen von Waffen in der Sonne ausmachen konnten. Wenn ja, mussten die Wächter schnell die zwei Kilometer bis zum Rathaus laufen, um Alarm zu schlagen. Damals war das Häuschen noch niedriger und tief in den Berg hinein gebaut, so dass es aus der Ferne schwer zu erkennen war.

Die – zeitlich gesehen – erste Inschrift besagt, dass das Haus ab 1661 als Wengerter-Schutzhütte diente. Ob es damals schon vergrößert wurde, ist nicht bekannt, allenfalls könne man sich einen hölzernen Aufbau vorstellen, so Hennze. 1775 kam dann baulich gesehen etwas Schwung in die Sache. In diesem Jahr kaufte der Apotheker Philipp Friedrich Sicherer (1726-1805) die Hütte, ließ sie renovieren und erweitern. Auf dem in bürgerlich barocken Formen gestalteten Portal ist ein lateinischer Erinnerungsspruch zu lesen, der sinngemäß auf Deutsch lautet: *Die einstige Kriegswarte aus dem Jahr 1513, Wengerter-Schutzhütte von 1661, hat 1775 aus dem Verfall wieder aufgerichtet und den Freunden zum würdigen Zusammensein gewidmet Philipp Friedrich Sicherer Apotheker.* „Daran kann man sehen, dass die Leute damals durchaus stolz darauf waren, wenn sie etwas Historisches retteten", stellt Kilian Krauth fest. Von da an diente das Gebäude in seiner heutigen Form mit einem quadratischen Obergeschoss und seinem leichten Walmdach als Erholungsort und friedlicher Aussichtsort für die Familie und deren Gäste. Bis heute ist es in Familienbesitz.

Das Tscherningsche Weinberghäuschen ist das älteste seiner Art in Württemberg und hat eine spannende Geschichte hinter sich.

Tscherning'sches Häuschen heißt es, weil Sicherers Enkel, der Heilbronner Spitalarzt Dr. Philipp Friedrich Sicherer – übrigens ein Gründungsmitglied der Gräßle-Gesellschaft, die damit einen direkten Bezug zu diesem historischen Flecken hat – 1861 kinderlos starb und es damit in den Besitz seines Vetters Friedrich Tscherning (1835-1922) gelangte. Diesem Sicherer (1803-1861) ist folgende (übersetzte) Inschrift gewidmet: *Böse Parzen wollten nicht, dass Philipp Friedrich Sicherer, der Enkel des Apothekers, der 1775 dieses Weinberghäuschen wieder errichten ließ, die Zweihundertjahrfeier zur Erinnerung an die Übergabe dieser ehemaligen Kriegswarte an die Freunde und Diener des Lyaeus im Jahr 1661 in diesem Tempel der Geselligkeit begehe. (Oscar) Friedrich Tscherning, sein Vetter und Erbe, übernahm es an seiner Statt in bester Familientradition, die Gräßle-Gesellschaft und seine Freunde hierher einzuladen und ihnen am 7.10.1861, Montag, nach alter Sitte die herzlichste Gastfreundschaft zu zeigen, um auf dieser Weise des verstorbenen Freundes würdig zu denken.* Man könnte wohl durchaus sagen, dass sich die Herren damals durchaus ausschweifend in Stein verewigten.

Zwei weitere Inschriften dokumentieren die späteren Geschehnisse, zum einen die Verfügung von 1912, dass das Häuschen niemals veräußert werden darf und zum anderen, dass am 28. Oktober 1913 der 150. Geburtstag von Johann August Tscherning und gleichzeitig das 400-jährige Jubiläum des altehrwürdigen Gebäudes gefeiert wurde. 1964 gelangte es in den Besitz der anverwandten Familie Schilling – manche nennen es deswegen Schilling'sches Häuschen. Und natürlich hat sich auch die Gräßle-Gesellschaft nach der Renovierung des inzwischen als Denkmal gewürdigten Häuschens 1997 mit einer lateinischen Tafel verewigt. „Vom reinen Zweckbau wurde es zu einer Vergnügungsstätte mitten im Weinberg, etwas, was man heute im Weintourismus wieder zu schätzen weiß“, stellt Kilian Krauth fest. Für ihn endete der Termin am Vormittag des Heiligabends 1996 übrigens bei einem Gläschen Trollinger und anregenden Gesprächen über die Lokalhistorie in der barock eingerichteten Wohnung von Gerhard Zehender, dem einzigen Privathaus in der Altstadt, das nach der Zerstörung vom 4. Dezember 1944 wieder fast originalgetreu aufgebaut wurde.

„Vom reinen Zweckbau wurde es zu einer Vergnügungsstätte mitten im Weinberg, etwas, was man heute im Weintourismus wieder zu schätzen weiß.“

So geht's zu den Inschriften:

Am Ende der Kirschengartenstraße dem Weg unterhalb der ersten Weinbergreihe folgen und an der ersten Gabelung links halten. Nach wenigen Metern steht das Häuschen rechts im Weinberg.

Wolfgang Baars ist begeistert, dass es in Heilbronn noch einen Hinweis auf den alten Treidelpfad gibt.

16

Kilometerstein

Ortsangabe mit Geschichte

Eine schöne Zahl: 117. Das Ergebnis aus 9x13, Quersumme neun. 117 ist auch der Name eines Helikopters und der wiederum der Star eines, sagen wir mal, recht schlichten Mallorca-Ballermann-Hits von 2019. Im Jahr 117 ist die chinesische Hofdame und Historikerin Ban Zhao (um 45-117) gestorben. Alles schön und gut, doch nichts davon erklärt auch nur ansatzweise, warum am Uferweg des Altneckars ein großer Stein mit der Zahl 117 drauf steht. Einer, der dieses Geheimnis lüften kann, ist Wolfgang Baars. Der Holsteiner, ehrenamtlicher Mitarbeiter des Hafenamts Heilbronn, ist früher zur See gefahren und beschäftigt sich seit seinem

Umzug nach Bad Wimpfen mit der Verkehrsstruktur im Raum Heilbronn. „Die logistische Entwicklung ist ungemein spannend", erklärt er. Ein Stück dieser Entwicklung hat auch unser Stein erlebt.

Als erstes ist es wichtig zu wissen, dass der Neckar im Gegensatz zu anderen Flüssen nie ein einfaches Gewässer für die Schifffahrt war. Die Grundübel, so formuliert es Willi Zimmermann in seinem Werk *Heilbronn. Der Neckar: Schicksalsfluß der Stadt*, wie die vielfach starke Strömung, enge Krümmungen, reißende Stromschnellen, gefährliche Untiefen und vor allem der rasche und häufig wechselnde Wasserstand mit oft langen Niedrigwasserperioden machten ihn „zum schwierigst schiffbaren aller deutschen Flüsse". Zwischen Mannheim, wo der Neckar in den Rhein fließt, bis Heilbronn lief es einigermaßen, aber auf dem weiteren Weg Richtung Cannstatt, also ungefähr ab dort, wo sich unser Stein befindet, dümpelte das Geschäft über Jahrhunderte eher dahin. Die oft zu geringe Wassertiefe erlaubte zu wenig Ladung, so dass sich die Fahrt schlicht nicht lohnte. Dass die Heilbronner mittels des Neckarprivilegs von 1333 das Gewässer mit Wehren und einem Hafen unterbrachen und alle Schiffe hier Halt machen mussten, ja für viele Jahre gar nicht auf die andere Seite durchfahren konnten, half auch nicht gerade (siehe Geheimnis 45).

An Steinen wie diesem orientierten sich die Treidler auf ihrem Weg flussaufwärts.

Doch wie bewegten sich die Boote überhaupt den Fluss hinauf? „Heute bringen bis zu 1000 Maschinen-PS ein selbstfahrendes Schiff neckaraufwärts. Bis im Jahr 1878 die Kettenschleppschiffahrt eingeführt wurde, taten dies bis zu acht Pferde", erläutert Willi Zimmermann. Diese Huftiere bringen uns unserem Stein ein gutes Stück näher. Bis Ende des 18. Jahrhunderts zogen tatsächlich noch Menschen die Schiffe gen Süden. Als jedoch mehr Transporte und größere Schiffe nötig wurden, übernahmen Pferde diesen Job. Das nannte sich treideln. Dafür wurde eine Leine an der Spitze des zehn Meter hohen Mastes im vorderen Drittel befestigt – so waren sie steuerbar – und die Tiere gingen auf einem 1,3 bis 1,5 Meter breiten Uferweg, dem sogenannten Lein- oder Treidelpfad. Ein ziemlicher Aufwand. Eine Fahrt von Mannheim nach Heilbronn dauerte auf diese Weise fünfeinhalb Tage, bei hohem Wasserstand oder schwerer Ladung sogar sechs bis acht. Außerdem war der Treidelpfad auch nicht durchgängig auf derselben Uferseite, Pferde und Reiter mussten also immer wieder das Flussbett durchqueren.

Die Strecke wurde abgemessen und durchnummeriert, vom Punkt Null in Mannheim stromaufwärts. „Damit man sagen kann, wo man ist", erläutert Wolfgang Baars. Unser Relikt ist also ein Kilometerstein, 117 Kilometer vom Ausgangspunkt entfernt. „Der einzige sofort sichtbare Hinweis auf den Treidelpfad in Heilbronn", zeigt sich der Seemann begeistert. Aber Moment, wer auf aktuelle Karten des Neckars schaut, der sieht, dass Heilbronn etwa zwischen Kilometer 110 (Neckargartach) bis 114 (Horkheim) liegt – da kann also etwas nicht stimmen.

Um dieses Rätsel zu lösen, muss die Geschichte der Schifffahrt auf eben diesem Fluss weitererzählt werden. Mit der Eröffnung des Wilhelmkanals am 17. Juli 1821 war erstmals eine durchgängige Schifffahrt auf der gesamten Strecke möglich. „Da sich die württembergische Regierung mit gleichem Eifer der Korrektur des oberen Neckarslaufs zuwandte, konnte bald ein ungehinderter Schiffsverkehr von Mannheim bis Cannstatt durchgeführt werden", erläutert Willi Zimmermann in seinem Aufsatz *Heilbronn und sein Neckar im Lauf der Geschichte*. Am 5. Juli 1840 traf gar das erste Neckarschiff mit in Rotterdam geladenen Gütern auf direkter Fahrt in Heilbronn ein – gelenkt von Louis Heuss (1800-1868), dem Urgroßvater des ersten Bundespräsidenten Theodor Heuss (1884-1963). Noch wurden die Schiffe aber getreidelt, eine andere Technik gab es nicht. Auf dem Rhein allerdings kamen die Neckarschiffer mit den 1827 erstmals eingeführten Dampfschiffen in Berührung, die dort die Transportschiffe flussaufwärts zogen und damit natürlich viel schneller waren als mit einem Pferdezug. Nur dummerweise waren diese nicht für den Neckar mit seinem niedrigen Pegelstand geeignet. Der Heilbronner Kaufmann

Christoph Reuß (1788-1847) ergriff die Initiative. Er kannte von einer seiner Reisen auf der Mosel bis nach Metz fahrende Dampfschiffe, die einen Tiefgang von nur 30 Zentimetern hatten. Perfekt für den komplizierten Neckar! Reuß gründete eine Aktiengesellschaft mit Mitteln der Stadt und des Landes und kaufte das erste von insgesamt dreien dieser Dampfschiffe, das in drei Teilen in mehr als 1000 Stunden nach Heilbronn gebracht wurde und am 7. Dezember 1841 unter großem Jubel der Bevölkerung eintraf.

Der mit den neuen Schiffen nun angebotene regelmäßige Güter- und Personenverkehr auf dem Neckar sollte allerdings wegen der wirtschaftlichen und revolutionären Krise 1848, aber auch wegen der Einführung der Eisenbahn nicht allzu lange halten. Zu dieser Zeit liefen Pferde und Dampf übrigens noch parallel. 1857 wurde die Aktiengesellschaft liquidiert. Der Neckarschifffahrt drohte der Rutsch in die Bedeutungslosigkeit, vor allem, weil die Eisenbahnlinie zwischen Mannheim und Stuttgart über Bruchsal 1854 fertig gestellt wurde und die Salzbahn von Meckesheim bis Jagstfeld ab 1869 nicht nur das weiße Gold transportierte. „Plötzlich waren Arm und Reich gleich schnell irgendwo, vorher war das eine Frage des Geldes, ob jemand überhaupt aus seinem Dorf rauskam", erinnert Baars. Wieder ergriffen Heilbronner Kaufleute die Initiative und gründeten die „Schleppschiffahrt auf dem Neckar A.G.". Dazu wurde eine 115 Kilometer lange, 36.000 Zentner schwere Kette mit rund einer Million Gliedern zwischen Mannheim und Heilbronn im Fluss versenkt. Ein Dampfschlepper zog sich mit mehreren Kähnen im Anhang an dieser Kette den Fluss hinauf. 1889 ging die Strecke sogar bis Lauffen. „Das haben die sich auch in Frankreich und an der Elbe abgeschaut in der Hoffnung, in der Konkurrenz gegen die Eisenbahn zu bestehen", erläutert der Schiffsexperte. „An die Stelle der Pferde trat jetzt der Neckaresel, wie der Volksmund diese Kettendampfer nannte", schreibt Willi Zimmermann.

Allein, die Bahn war schneller und der Neckar immer noch viel zu oft zu flach für schwere Transporte. Bereits Mitte des 16. Jahrhunderts hatte es den Vorschlag gegeben, dem Schifffahrtsweg ein vollständig getrenntes Flussbett zu geben. Genau diese Idee griff der Geheimrat und Unternehmer Peter Bruckmann (1865-1937) mit anderen Männern Ende des 19. Jahrhunderts wieder auf – eine Kanalisierung des Neckars. Es war ein großer Kampf, bis 1920 damit begonnen wurde, strategisch geschickt, je nachdem, wo mit dem Strom der neuen Wasserkraftwerke Geld zu verdienen war, den Flusslauf für große Schiffe bis 1200 Tonnen befahrbar zu machen. Streckenweise wurden ganz neue Kanalstrecken gebaut – auch in Heilbronn. Dadurch wurde der schiffbare Neckar quasi ein Stück kürzer und das erklärt, warum auf unserem Stein der Kilometerstand 117 angegeben ist, obwohl beispielsweise der Kanalhafen von Heilbronn bei Flusskilometer 112 liegt.

Es geht noch ein bisschen weiter. Zu den neuen Kanälen kamen Wehre, Schleusen und Kraftwerke. „Auf diese Weise kann eine gewisse Wassertiefe garantiert werden und die Schiffe schlagen mit ihren Schrauben nicht mehr auf den Stein“, beschreibt es Wolfgang Baars plastisch. 1935 wurde der Abschnitt zwischen Mannheim und Heilbronn fertig gestellt. Bis nach Plochingen war es erst 1970 soweit. Solche Steine mit Zahlen drauf gibt es nicht mehr. „Heute sind da große Schilder am Ufer mit der Kilometerzahl und auf halber Strecke dazwischen sind welche mit einem Kreuz, für Schiffe ist das schon eine sehr genaue Ortsangabe“, schließt Wolfgang Baars nachdenklich ab.

„Heute sind da große Schilder am Ufer mit der Kilometerzahl und auf halber Strecke dazwischen sind welche mit einem Kreuz, für Schiffe ist das schon eine sehr genaue Ortsangabe.“

So geht’s zum Kilometerstein:

Der Kilometerstein mit der Nummer 117 steht am Uferweg entlang der Badstraße auf Höhe der Sportplätze kurz vor der Brücke Richtung Böckingen.

DAMPFSTRASSENWALZE
3m

Dampfwalze

Relikt mit doppeltem Charme

Bei diesem Anblick fangen die Augen von Professor Karl Walter direkt an zu leuchten. „Das ist urigster Maschinenbau“, schwärmt der Neckargartacher. Und er muss es wissen, schließlich hat der Diplom-Ingenieur genau dieses Fach jahrzehntelang an der Hochschule, damals noch Fachhochschule, Heilbronn (HHN) unterrichtet. Das Ziel seiner Schwärmerei ist eine Dampfstraßenwalze Baujahr 1899, die trotz ihrer Größe weitgehend unbeachtet vor dem Bau E der HHN steht. Und dass sie genau hier ihren Platz gefunden hat, daran war Karl Walter nicht ganz unbeteiligt.

Es ist zugegebenermaßen ein recht merkwürdiger Standort für so ein 15,8 Tonnen schweres Ungetüm. Wie auf einer kleinen Empore prangt sie als Erinnerung einer längst vergangenen Zeit: „So um 1860 herum wurden Arbeiter bei der Straßenpflasterei durch Dampfwalzen abgelöst“, berichtet der Professor. Zuvor gab es natürlich schon Dampfzüge und bereits um 1800 bauten Firmen in England Dampfomnibusse, die parallel im Einsatz waren. „Aber erst später kam die Idee auf, in dampfbetriebenen Fahrzeugen nicht nur Menschen zu transportieren, sondern dass man mit den Dingern auch Asphaltstraßen walzen könnte.“ Logischerweise wurden diese Walzen ganz aufs Gewicht hin gebaut, sie mussten ja nicht schnell sein. Das ging dann bis kurz vor dem Zweiten Weltkrieg so, erinnert sich Karl Walter an eine Episode aus seiner Kindheit, als in Stetten a.H. die Dorfstraße auf diese Weise asphaltiert wurde. „Motorwalzen kamen dann erst langsam in den 1930ern auf, ersetzten die dampfenden Varianten aber noch lange nicht.“

Unsere Dampfstraßenwalze wurde von der Maschinenbaugesellschaft Heilbronn (MGH) hergestellt, einst eine der wichtigsten Fabriken in der Käthchenstadt, die auf kleine Lokomotiven spezialisiert war. „Sie hatten also Erfahrung mit Dampfmaschinen und Dampfkesseln“, betont der Ingenieur. 1885 erwarb die Firma zu Studienzwecken eine

Die Dampfwalze der Maschinenbaugesellschaft Heilbronn ist ein historisches Technikdenkmal.

Dampfwalze des englischen Herstellers Aveling & Porter und eröffnete sich so ein neues Geschäftsfeld. „Es gab auch eine Schwesternserie mit Dampfpflügen“, erläutert Karl Walter. Ab 1887 vermietete die MGH ihre Dampfwalzen, 1889 verkaufte sie auch die ersten, etwa an Stadtverwaltungen oder Baufirmen. Das dauerte bis 1935, da wurde das letzte dampfende Exemplar von insgesamt 137 ausgeliefert. Die Vermietung lief noch bis 1957.

Definitiv ist diese Dampfstraßenwalze also ein historisches Technikdenkmal mit Bezug zu Heilbronn, was aber noch lange nicht erklärt, warum sie auf dem Hof der Hochschule steht. Das ist indirekt die Schuld des Landes Baden-Württemberg. 1979 hatte sich dieses überlegt, dass es doch gern ein Landesmuseum für Technik eröffnen würde, stellte sich nur die Frage, wo. Einer, der früh fand, dass Heilbronn der perfekte Standort dafür wäre, war Uwe Jacobi (1939-2020), Redakteur der *Heilbronner Stimme.* Schon am 10. November 1979 betonte er in seinem Artikel *„Museum der Technik“ für Baden-Württemberg in Heilbronn?* die vielen günstigen Voraussetzungen. Und den historischen Anspruch, habe die Stadt doch mehr als ein Dutzend Erfinder und Unternehmer hervorgebracht, die wesentlich zu den Grundlagen der modernen Technik beigetragen hätten – allen voran Robert Mayer (1814-1878) mit der Entdeckung des Gesetzes von der Erhaltung der Energie. „Heilbronn war die erste Stadt der Welt, die durch das Württembergische Portland-Cement-Werk zu Lauffen am Neckar im Licht von Drehstrom aus einem öffentlichen Netz erstrahlte“, argumentierte er weiter. Auch Walter Dörr (1925-2013), Rektor der Fachhochschule, zeigte sich von der Idee angetan, bevorzugte allerdings eine dezentrale Lösung für das geplante Landesmuseum mit mehreren spezialisierten Häusern, gerne auch mehrere davon in Heil-

Professor Karl Walter ist von dem Zeugnis urigsten Maschinenbaus begeistert.

bronn. „Es entstand ein großer Wettbewerb um den Standort, in Heilbronn dachte man an den Hagenbucher, wo später dann die Experimenta hinkam“, erinnert sich Karl Walter. Er selbst war als Gründungsvorsitzender des Fördervereins für das Stadtarchiv schon eng mit diesem verbandelt, hatte von jeher ein großes Interesse an der historischen Entwicklung von Technik. Als Leiter des Senatsausschusses für das potenzielle Museum wollte er, wie ihn Uwe Jacobi am 17. Januar 1979 zitierte, Initiativen ergreifen, um den Standort Heilbronn herauszustellen.

Damit kommen wir auch so langsam auf die Spur unserer Dampfwalze. Die Fachhochschule plante nämlich verschiedene Ausstellungen, um ihre Heimatstadt in Sachen Museum ins Licht der Öffentlichkeit zu rücken. „Walter Dörr beauftragte mich, Kontakt mit verschiedenen Firmen aufzunehmen, um möglichst viele schöne Sachen zusammen zu bekommen“, erzählt Karl Walter. Einer dieser Kontakte war Eberhard Layer (1921-2012) aus Eibensbach, der gerade dabei war, mit seiner großen Sammlung das Technikmuseum in Sinsheim aufzubauen. Ein Stück daraus ist unsere Dampfstraßenwalze, die er der Stadt zur Verfügung stellte. Die Ausstellung „Technik im Wandel“ im Juli 1979 war ein großer Erfolg, auch wenn bei der Eröffnung quasi schon feststand, dass das Museum nicht nach Heilbronn kommen würde. „Der OB und die Stadt hatten einfach zu wenig Interesse daran, auch, weil es viel Geld gekostet hätte“, weiß Karl Walter. Den Zuschlag für das Landesmuseum für Technik und Arbeit erhielt letztlich Mannheim. Den Heilbronnern ist mit der Dampfwalze als Dauerleihgabe des Auto- und Technikmuseums Sinsheim aber zumindest ein großes und vor allem schweres Technik-Denkmal als Erinnerung geblieben.

So geht's zur Dampfwalze:

An der Robert-Bosch-Straße 19/1 auf das Gelände der Hochschule abbiegend geht es vom oberen Parkplatz geradeaus Richtung Bau E, vor dem die Dampfstraßenwalze steht.

Susanne Blach ist vom Leben des ersten Bundespräsidenten Theodor Heuss immer wieder fasziniert.

Erker

Jugend eines Bundespräsidenten

Es ist ein Wohnhaus wie so viele in diesem Gebiet rund um das Landratsamt. Doch mit einem Detail sticht die Lerchenstraße 43 klar hervor. Der kleine Erker im Erdgeschoss auf der Straßenseite zieht die Blicke auf sich. „Dieses Erkerchen ist wohl in seiner Grundform das Einzige, was vom einstigen Gebäude noch einigermaßen erhalten war", mutmaßt Susanne Blach. Bis auf die Grundmauern ist der Vorgängerbau beim Luftangriff auf die Stadt am 4. Dezember 1944 abgebrannt. Und in ebenjenem Vorgängerbau verbrachte ein weltbekannter Mann seine Jugend – Theodor Heuss (1884-1963), seines Zeichens erster Bundespräsident der Bundesrepublik Deutschland.

Als der kleine Theodor noch lange nicht Deutschlands Oberhaupt ist, sondern ein kleiner Junge von sechs Jahren, zieht er mit seiner Familie von Brackenheim nach Heilbronn. Damit weicht die Kindheit inmitten großer Gärten dem Leben in der Stadt. In seinem Geburtsort im Zabergäu gibt es das Theodor Heuss Museum, dessen Leitung Susanne Blach innehat. Grund für den Umzug: Papa Louis Heuss (1853-1903) wird zum Stadtbaumeister ernannt. Zunächst lebt Louis Heuss mit seiner Frau Elisabeth (1853-1921), Theodor sowie zwei weiteren Söhnen Ludwig (1881-1932) und Hermann (1882-1959) zur Miete in der Clarastraße 24, was heute etwa Am Wollhaus 46 ist. „Das war also wirklich zentral, die Innenstadt war in dieser Zeit noch relativ klein und erst jetzt wurden neue Wohngebiete erschlossen."

Heilbronn expandiert, die Industrie wächst und damit braucht die Stadt auch neuen Wohnraum. Wie das neue Wohnviertel, in dem auch Louis Heuss ein Heim für seine Familie baut und 1893 einzieht. „Das war quasi ein Neubaugebiet für das höhere Bürgertum mit vielen schönen Eigenheimen und das von Heuss war, wie ich es nenne, ein Zuckerbäckerfachwerk, sehr verschnörkelt", beschreibt es die Bad Wimpfenerin. Auch sehr modern für die Zeit, mit Keller und Waschküche, vier beheizbaren Zimmern im Erdgeschoss und weiteren auf den Etagen, auch ein Klosett ist im Haus vorhanden. „Natürlich waren es Eltern und drei Söhne, die haben den Platz schon gebraucht, aber für diese Zeit war es doch gehobenes Wohnen." Es gibt auch einen schönen Vorgarten und einen großen Garten dahinter, in dem für die Jungs eine Turnanlage mit Reckstange aufgebaut ist. Fechtübungen finden ebenfalls statt, die Brüder wollen alle, wie damals üblich, Mitglied in einer Burschenschaft werden.

„Heuss beschreibt seine Kindheit und Jugend als einen Übergang zwischen dem 19. und 20. Jahrhundert, in einer Zeit also, in der vieles im Wandel war." Eine gutbürgerliche, bildungsreiche Kindheit mit verschiedenen Einflüssen aus dem Elternhaus. Alle drei Brüder gehen aufs Gymnasium, da muss es also einen entsprechenden finanziellen Rückhalt gegeben haben. Theodor besucht das Karlsgymnasium – das heutige Theodor-Heuss-Gymnasium –, ist ein guter, interessierter Schüler, der aber auch zweimal im Karzer, dem Schulgefängnis, landet. Einmal geht es um eine Ohrfeige, das andere Mal um unhöfliches Benehmen gegenüber dem Schulbüttel.

Vater Louis ist sehr streng, da setzt es auch mal eine Tracht Prügel. „Theodor war wohl fürs Einkaufen zuständig und einmal fehlte Geld, als er zurückkam", erzählt die Museumsleiterin. Die Strafe folgt auf dem Fuß, doch der Verlust lässt dem jungen Theodor keine Ruhe und tatsächlich findet er das verlorene Geld auf der Strecke wieder. „Sein Vater entschuldigte sich beim ihm und den väterlichen Ärger bekam er fürs nächste Mal gutgeschrieben", erzählt Susanne Blach. Das Geld darf er sogar behalten. „Rückblickend beschreibt Heuss seinen Vater als streng, aber gerecht."

Louis Heuss ist Regierungsbeamter in der Kaiserzeit, der aber trotzdem schon die Demokratie im Kopf hat und politisch sehr interessiert ist. „Heuss beschreibt, dass in seinem Elternhaus drei Zeitungen gelesen wurden, darunter auch die kritische Satire-Zeitschrift *Simplicissimus*, erzählt die Museumsleiterin. „Der Vater habe die Legenden der 1848er-Bewegung in die Seelen seiner Söhne gegossen und ihnen vermittelt, dass Demokratie und Freiheit lebensgestaltende Werte sind." Doch auch die soziale Frage treibt das Familienoberhaupt um. So ist er Mitbegründer eines Familien-Fürsorge-Vereins und die Söhne müssen mit zu den Patenfamilien, sollen auch etwa Schulsachen oder Kleidung abgeben. Dazu kommen zahlreiche Wanderungen in der Natur, die der spätere Bundespräsident genießt. Nur das obligatorische Wandertagebuch, das er erstellen muss, gefällt ihm gar nicht.

Mutter Elisabeth ist eher der musische Teil des Elternpaares. Die Jungs müssen oder dürfen alle ein Instrument lernen. „Heuss entschied sich für die von der Großmutter gesponserte Zither, vielleicht dachte er, da findet sie nie einen Lehrer", meint Susanne Blach augenzwinkernd. Doch Großmutter findet, bezahlt und Zeit ihres Lebens übt er denn auch fleißig. Dazu kommt wohl eine recht gut Gesangsstimme und so überredet Elisabeth ihren Sohn, mit ihr am Klavier Lieder zu singen. „Er schreibt, das habe er gerade noch ertragen, weil das Fenster nach hinten raus ging", erzählt die Expertin. Trotzdem tritt er dem Chor des Vereins für klassische Kirchenmusik bei und singt im Bass sogar die „Schöpfung" in der Kilianskirche. Auch im Stilllesezimmer in der Harmonie an der Allee, damals ein Gesellschaftshaus für die sogenannte bessere Gesellschaft Heilbronns, war er häufig zu finden. Mit Freunden tauscht sich der Gymnasiast brieflich über eigene

Gedichte, Literatur und Schule aus. Theodor Heuss' Jugend hat also sowohl eine politische als auch eine soziale Seite, dazu kommt die Bildung. Drei Dinge, die ihn auf sein späteres Leben bestens vorbereiten. Als Bundespräsident beschreibt er, was Heilbronn ihm in seiner Jugend gegeben hat: „Demokratie als Lebensform. Das ist das Erbe dieser Stadt. Und was heißt Demokratie als Lebensform? Doch nur dies: Dem Menschen, gleichviel wer er sei und woher er käme, als Mensch zu begegnen."

Er hat aber auch Spaß, geht in die Tanzschule, feiert rauschende Faschingsfeste. „Es gibt ein Bild von ihm, da ging er als seine eigene Großmutter, das ist so köstlich", erzählt Susanne Blach lachend. Heuss nutzt seine Freiräume in einer konservativen Zeit.

1902 führt ihn das Studium der Nationalökonomie nach München, seine Doktorarbeit verfasst er über den Weinbau und den Weingärtnerstand in Heilbronn, hatte er doch mal ein Jahr am Hundsberg einem Weingärtner geholfen. Auch bei einem Schreiner hospitierte er. „Ich denke, diese Palette macht sich bei ihm später bemerkbar, er hatte immer einen Blick über den bürgerlichen Tellerrand hinaus."

1911 kehrt Theodor Heuss aus Berlin in seine Heimatstadt zurück. „Er sollte, weil er doch jeden kenne, das Reichstagsmandat für die Liberalen zurückerobern", erklärt die Expertin. Mit seiner Frau Elly Heuss-Knapp (1881-1952) und seinem Sohn Ernst Ludwig (1910-1967) zieht er in die Lerchenstraße 31, also nicht weit weg von seinem Elternhaus, ins erste Obergeschoss zur Miete und wird Chefredakteur der *Neckar-Zeitung*. Anfang 1918 kehrt die Familie nach Berlin zurück und bleibt. Viele Jahre später wird er Kultusminister von Württemberg-Baden, gestaltet das Grundgesetz mit und ist von 1949 bis 1959 der erste Bundespräsident der Bundesrepublik Deutschland. All das begann in einem Zuckerbäckerfachwerkhaus mit hübschem Erker.

So geht's zum Erker:

Der hübsche kleine Erker befindet sich am Haus in der Lerchenstraße 43 in Heilbronn.

Christa Mayer erinnert sich noch gut daran, wie ihr Mann Max Georg ihr von der Entdeckung des Schleichtors erzählt hat.

Schleichtor

Als Messebesuche verboten waren

Viel unpraktischer kann eine Tür gar nicht angebracht sein! Wenn Christa Mayer vor diesem Portal am Deutschordensmünster St. Peter und Paul steht, beginnt der Türrahmen ungefähr auf ihrer Bauchhöhe. Da müsste die alte Dame ganz schön klettern, um zur Messe zu gelangen. Zur Beruhigung: Als diese Tür noch in Funktion war, befand sie sich auf Bodenniveau und es handelte sich auch nie um den Haupteingang. Klettern musste hier niemand. Schleichen schon. Doch der Reihe nach.

Die Geschichte des Zugangs ist mit jeder Menge Drama, Ketten und Schlössern verbunden. Es begann ganz harmlos. In den 1220er-

Jahren wurde die Kommende Heilbronn des Deutschen Ordens gegründet und als erste Ordenskirche eine romanische Marienkapelle gebaut. Weil diese sich zu einer Wallfahrtskirche entwickelte, war eine Erweiterung nötig und deshalb wurde von 1340 bis 1360 ein gotischer Neubau errichtet. Von 1490 bis 1510 folgte nochmals eine Erweiterung und das Gotteshaus erhielt den Namen „Kirche zu Unser Lieben Frau", was später zu Frauenkirche vereinfacht wurde. In diesen Zeiten war es noch üblich, dass der Friedhof direkt angrenzend angelegt war, in diesem Fall an der Nordseite zur heutigen Kirchbrunnenstraße hin, umfriedet mit einer mannshohen Mauer. Er diente zunächst nur zur Bestattung der Verstorbenen des Deutschen Ordens. „Der Friedhof lag höher als der heutige Außenbereich, also auf dem Niveau der Tür", erläutert Diözesanbaumeister Rudolf Lückmann in seinem Beitrag *Renovierung des Deutschordensmünsters in Heilbronn*, der die Renovierung des Gotteshauses in den 1990er-Jahren leitete. Die damals entdeckte Tür unterhalb der Orgelempore beschreibt er als gotisch, sie wurde also beim Neubau im 14. Jahrhundert eingesetzt.

Über Jahrzehnte war das Türchen einfach nur der Zugang aus der Kirche zum Friedhof – nicht weiter spektakulär. Doch dann kam die Reformation nach Heilbronn. Eine ganze Stadt wurde plötzlich protestantisch – nun ja, fast eine ganze Stadt, denn schließlich gab es in der Reichsstadt immer noch die Deutschordenskommende und diverse Klöster. „Konsequenterweise steht am Abschluss dieser gesamten umwälzenden Entwicklung der einstimmige Beschluss von Rat und Bürgerschaft am 8. Dezember 1531, die katholische Messe in den Kirchen der Stadt abzuschaffen", schreibt Helmut Scholz in seinem Beitrag *Reformation in Heilbronn – Historische Streiflichter*. Noch am gleichen Tag wurde dem Präses, den Nonnen und Mönchen befohlen, Messe, Vigilien, Salve und dergleichen abzutun, einen Tag später auch der Deutschordenskomtur. Während sich die Geistlichen in der Pfarrkirche der Gewalt fügten, widersetzten sich die Mönche dem Beschluss. Der Karmeliterorden beklagte sich beim Bischof von Würzburg. Den Brüdern wurde daraufhin gestattet, maximal zwei bis drei Mal pro Woche Messe zu lesen. Der Deutschmeister Walter von Cronberg (1477-1545) lehnte die Forderung ebenfalls rundweg ab, woraufhin der Rat den Bürgern bei Strafe den Besuch des Gottesdienstes in der

Frauenkirche verbot, solange dort Messe gelesen wurde. Um das zu verkünden, gingen dazu abgestellte Männer extra von Haus zu Haus. Standhafte aus der Bürgerschaft müssen aber weiter in die Frauenkirche gegangen sein, sonst hätte es den Ratsbeschluss vom 13. April 1540 nicht gegeben, wie Josef Baumgärtner in seinem Beiheft zur Erinnerung an die Einweihung des Gemeindehauses St. Peter und Paul 1964, schlussfolgert. Er zitiert: „...daß Bürger der Stadt, die in das Deutschhaus gingen, um Vigilien und Messen zu hören und das Nachtmahl (Anmerkung: Abendmahl) nach alter Weise zu begehen, vor den Rat gestellt werden, um Strafe zu empfangen."

Das Schleichtor befindet sich heutzutage weit oberhalb des Bodens und wäre zum Reinschleichen wohl eher ungeeignet.

An dieser Stelle kommt nun nochmal die alte gotische Tür zum Friedhof ins Spiel. „Es gab ja praktisch nur noch die Deutschordenskommende für die Katholiken, also wurden sie entweder evangelisch oder versuchten, heimlich reinzukommen", erläutert Christa Mayer. Um der Bevölkerung den verbotenen Messebesuch auch physisch zu erschweren, untersagte der Rat kurzerhand die Benutzung des Hauptportals der Frauenkirche. Die Gläubigen waren gezwungen, die schmale Seitentür unter der Orgelempore zu nehmen. Das Friedhofstor war zum Schleichtor geworden.

Dieses Verbot ließ sich der Komtur Adam Freiherr von Wolkenstein-Trostburg (1583-um 1635) auf Dauer nicht gefallen und öffnete kurzerhand das Hauptportal, einmal am 14. August und einmal am 31. August 1607. Erzürnt ließ der Rat den Zugang mit Schlössern und Ketten verschließen und rief Württemberg, Pfalz, Baden sowie die protestantischen Reichsstädte an, die wiederum rieten, die Sache auf den Reichstag zu Speyer zu bringen. Die Kommende wiederum beschwerte sich direkt beim Kaiser und Rudolf II. (1552-1612) schrieb Heilbronn, sie „möge den Komtur ungeniert lassen". Von da an wurde die Nutzung des Hauptportals stillschweigend geduldet, führt Josef Baumgärtner aus. Das Schleichtor hatte ausgedient. „Die Deutschherren ließen es vielleicht schnell zumauern, damit es nicht mehr als Eingang genutzt werden konnte", mutmaßt Rudolf Lückmann. Vielleicht sollten die bösen Erinnerungen auch ausradiert werden. Das sekundäre Baumaterial in der Öffnung stammte jedenfalls von abgebrochenen gotischen Pfeilern, die seiner Meinung nach in einer wenig bekannten Renaissancebauphase des Kirchenschiffs am Anfang des 17. Jahrhunderts abgetragen worden waren. Von der Reformation an wurden auf dem Friedhof an der Frauenkirche auch die in der Stadt gestorbenen Katholiken beerdigt und nicht mehr nur Mitglieder der Kommende. Er hielt sich von allen innerstädtischen Friedhöfen am Längsten und wurde erst 1778 geschlossen.

Weil das Schleichtor so ein charakteristisches Stück Heilbronner Ortsgeschichte symbolisiert, sollte es nach der Renovierung in den 1990er-Jahren auf jeden Fall wieder sichtbar werden, auf keinen Fall aber als Fluchttor einer verfolgten Gemeinschaft, sondern vielmehr als Ausdruck der Ökumene. „Mein Mann Max Georg war bei den Renovierungsarbeiten 1994/95 tagein tagaus ehrenamtlich dabei und da hat er unter anderem auch diese zugemauerte Tür entdeckt", erzählt Christa Mayer. Sie ist es nun gleichzeitig Tür und Fenster, um sich allen Christen zu öffnen. Ein schönes Ende für das Schleichtor mit der so wechselhaften Geschichte!

„Mein Mann Max Georg Mayer war bei den Renovierungsar beiten 1994/95 tagein tagaus ehrenamtlich dabei und da hat er unter anderem auch diese zugemauerte Tür entdeckt."

So geht's zum Schleichtor:

Das Schleichtor befindet sich rechts vom Haupteingang zum Deutschordensmünster St. Peter und Paul in der Kirchbrunnenstraße.

Karin Klug verbindet mit den Schmucksteinen viele schöne Erinnerungen an ihre Jugend in der Schmiede.

Schmucksteine

Wo Pferde einst beschlagen wurden

Geradezu liebevoll schaut Karin Klug auf die alten Steine, die in der Mauer eines Wohnhauses in der Gerberstraße eingelassen sind. Dort sind Worte und Zahlen in Sütterlin eingemeißelt, ganz deutlich ist die Zahl *1737* zu erkennen, der Spruch *Alles ist Eitel* und das Wort *Maurer*.

„Die Steine sind Überbleibsel einer Schmiede, die hier einmal beheimatet war", erzählt die gebürtige Heilbronnerin. Ihre Eltern waren mit dem Schmiedemeister Ernst Röger und seiner Frau Carola eng befreundet. Ein Glück für die kleine Karin, denn: „Ich liebe Pferde und fast immer, wenn welche da waren, durfte ich auch mal drauf, wenn sie nach dem Beschlagen vorgeführt wurden." So weit, so spannend. Aber in welchem Zusammenhang steht die Schmiede mit der Jahreszahl und vor allem: mit dem Wort Maurer? Um das zu erklären, muss Karin Klug, die seit 2018 in Schweden lebt, etwas weiter ausholen:

1883 errichtete die Baugesellschaft Heilbronn in der Erhardgasse 19 ein vierstöckiges Wohnhaus mit Schmiede und Stallung. Schmiedemeister Friedrich Röger – die Namensgleichheit zu seinem Nachfolger Ernst Röger (1900-1986) ist Zufall – betrieb die Werkstatt. Auf einem Bauplan vom 15. März 1892 ist ein Torbogen auf der Seite der Wolfganggasse mit den eingelassenen Steinen abgebildet, Besitzer ist auch da Friedrich Röger. „Ich hab' immer versucht, die Inschriften zu entziffern, aber so ganz ist es mir nie gelungen", gibt Karin Klug zu. Nun, glücklicherweise haben sich in der Vergangenheit bereits andere an dieses Unterfangen gewagt. Auf dem ersten Stein steht *Alles ist Eitel.* Im Artikel „Erhaltet Erinnerungsstücke aus Alt-Heilbronn!" aus der *Heilbronner Stimme* vom 8. Januar 1955 sind die Inschriften der nächsten drei festgehalten: *Johann Jacob Späth Bürger Maurer und Steinhauermeister* als zweites, dann kommt die Jahreszahl *1737*, dann *Maria Dorothea Späthin.* Damit wären also das heute noch erkennbare Wort Maurer und auch die Jahreszahl erklärt. Abgeschlossen wird die Reihe mit einem verzierten Stein. „Auch dieses Denkmal aus Alt-Heilbronn sollte erhalten bleiben", forderte der Autor damals. Dafür sollte später Klugs Vater Paul Beutinger sorgen, doch so weit sind wir noch nicht. Der Betrieb inklusive der Staatlichen Lehrwerkstätte für Hufbeschlag ging später an den Schmiedemeister Eugen Meyer. Er tauchte erstmals 1911 in den Bauakten auf, als er einen Blattfederhammer aufstellen wollte. Der „soll in der regelmäßigen Arbeitszeit von morgens 6 Uhr bis abends 7 Uhr benutzt werden." Ach ja, die gute alte Zeit. Meyer kaufte weitere Gebäude und Flächen in der Wolfganggasse und in der Johannisgasse, um die Schmiede zu erweitern.

1937 übernahm dann Ernst Röger die inzwischen sehr große Werkstatt. In Reiterkreisen soll er über Jahrzehnte ein sehr geschätzter Hufschmied gewesen sein. Der engagierte Mann war von 1955 bis 1968 Obermeister der Heilbronner Schmiede-Innung, vor allem aber gehörte er in Baden-Württemberg zu einer aussterbenden Art. 1969 leitete er in Heilbronn den praktischen Teil einer der letzten vier staatlich anerkannten Lehrschmieden für Hufbeschlag der gesamten Bundesrepublik. Ernst Röger, der 1977 die Bundesverdienstmedaille erhielt, stellte die Lehrgänge 1975 ein, laut dem Artikel „Museumsreif ist sogar der Stallgeruch" aus der *Heilbronner Stimme* vom 2. Februar

1988 wurde die Lehrschmiede aber noch bis 1985 fortgeführt. Bis zum Tod der Rögers passierte erstmal nichts mit den Gebäuden. „Wir durften unseren Wohnwagen in der Werkstatt mal zwei Jahre unterstellen", erinnert sich Karin Klug. Dann aber kaufte ein Investor das Gelände mit der Absicht, eben jenes Wohngebäude zu errichten, das dort heute immer noch steht. Die Stadt interessierte sich für das Inventar, plante sie damals doch ein technisches Museum im Hagenbucher (siehe Geheimnis 18), das letztlich aber nie umgesetzt wurde. Mit einem Spezialkran wurden die schweren Geräte geborgen, sogar die alten Holzdielen des Fußbodens ausgebaut. „Wenn die Rögersche Schmiede im alten Hagenbucher-Haus eines Tages wieder ersteht, dann wird unter anderem ein strenger Pferdegeruch, den die Bohlen heute noch ausstrahlen, die nötige Werkstattatmosphäre zaubern und an den ehemaligen Beschlagplatz in der Erhardgasse, der dort schon seit 1885 angesiedelt war, erinnern", schreibt Uwe Werner in seinem Museumsreif-Artikel. Noch heute liegen die Teile im alten Milchhof, dem Lager der Städtischen Museen und des Stadtarchivs.

Das Inventar war also versorgt, doch was sollte mit dem Gebäude passieren? Abreißen natürlich. „Mein Vater redete dem neuen Eigentümer, den er kannte, sehr gut zu, dass er die Steine mit den Inschriften behalten soll", erzählt Karin Klug verschmitzt. Und tatsächlich, der Bauherr ließ sich überreden. Die historischen Stücke wurden im Garten von Karin Klugs Bruder Martin Beutinger direkt neben dem Elternhaus zwischengelagert und später in eben jene Mauer zum Garten hin eingesetzt, wo sie sich auch heute noch befinden. „Hätte sich mein Vater da nicht so engagiert, gäbe es die heute nicht mehr", ist die Heilbronnerin überzeugt. Ihm sei es ums Erhalten gegangen, aber auch um die Erinnerung für die Familie. Und so auch für die ganze Stadt und ihre Besucher.

So geht's zu den Schmucksteinen:

Die Schmucksteine befinden sich am Gebäude Wolfganggasse 12 auf der Seite Gerberstraße gegenüber von Hausnummer 37.

Ruth Kinbacher und Gerhard Remmele haben sich intensiv mit der Geschichte des Klingenberger Stegs beschäftigt.

21

Steg

Ein Stück Paris in Heilbronn

Flüsse, Bäche und fließendes Gewässer im Allgemeinen sind immer Hindernisse, die die Menschheit überwinden wollte oder musste. Schon die Römer bauten Brücken, an anderen Orten wurden Furten im Flussbett genutzt oder die Leute setzten mit einer Fähre über. In Klingenberg, da gab oder gibt es sogar alle drei Varianten. Übrig geblieben ist der Klingenberger Steg, der eigentlich anders heißen müsste, doch dazu später mehr. „Das Stahlfachwerk ist in dieser Art auch beim Eiffelturm genutzt worden", erzählt Ruth Kinbacher, die sich gemeinsam mit Gerhard Remmele in der Gruppe „Klingenberg durch Ort und Zeit", einer Sparte innerhalb des Ortskartells, mit der Geschichte des Dorfs beschäftigt.

Ein Stück Paris in Heilbronn? Ja, aber bis dahin ist es ein ganz schön langer Weg. Der beginnt mit einer Furt, also einem seichten Übergang, den Menschen, Pferde, Kühe und Fuhrwerke nutzten, um den Neckar an dieser Stelle zu überwinden, wie der Heimatforscher und ehemalige Schulleiter der damaligen Volksschule Klingenberg Eugen Knauß in seinem Text *Vom alten Neckarübergang bei Klingenberg oder Als es in Klingenberg noch eine Fähre* gab beschreibt. Sogar die alten Römer sollen diese schon genutzt haben. Zerstört wurde die Furt, als das Bett des Neckars für die Dampfschifffahrt (siehe Geheimnis 17) ausgebaggert wurde und die Neckaresel den Fluss befuhren.

Doch bereits lange zuvor gab es eine Alternative zum feuchten Waten. Seit 1407 herrschten die Grafen von Neipperg über das badische Dorf. 1786 führten sie eine Fähre ein, die Klingenberger nach Horkheim und umgekehrt über den Fluss setzte, nur wenige Meter flussabwärts vom heutigen Steg. Als Klingenberg 1806 durch Napoleon (1769-1821) württembergisch wurde, endete die Herrschaft der Grafen von Neipperg. „Es gab dann drei Familien, die den Fährbetrieb unter sich aufteilten, er wurde quasi privatisiert", erklärt Gerhard Remmele. Für den Personenverkehr wurde ein Nachen verwendet und wer eine Fahrt wünschte, der musste dem Fährmann ein lautes „Hol!" zurufen. Das Gefährt wurde im Volksmund „Hol-Über" genannt. „Mit der Näa, einer größeren Fähre, konnten ganze Fuhrwerke über das Wasser geführt werden", schreibt Eugen Knauß. An beiden Flussufern waren flache Auffahrten angelegt, die Fähre selbst wurde an einem Seil befestigt und so durch die Strömung von Ufer zu Ufer getrieben.

Das ging über hundert Jahre gut. In einer Erlaubnisurkunde vom 21. Februar 1903 ist zu lesen, dass den Fährleuten Christian Häfele, Wilhelm Remmele und Johann Remmele der Betrieb einer Drahtseilfähre zur Übersetzung von Personen zwischen Klingenberg und Horkheim gestattet wurde. Doch danach hakte es gewaltig. Immer wieder war die Fähre kaputt oder die Fährleute stellten den Betrieb wegen mangelnder Rentabilität vorübergehend ein. 1903 bekamen sie gerade einmal drei Pfennig von Bewohnern für eine Fahrt am Tag, von Fremden sechs und bei Nacht das Doppelte, mussten dafür aber quasi rund um die Uhr zur Verfügung stehen. 1924 kümmerte sich Horkheim dann selbst um den Betrieb, besorgte ein neues Fahrzeug aus Neckarsulm und stellte einen eigenen Fährmann ein. Nicht nur der Bahnhalt in Klingenberg war das Ziel, auch die Arbeiter für den Bau des Neckarkanals mussten über den Fluss kommen.

Nur ein Jahr später beabsichtigte Horkheim, einen Fußgängersteg über den Neckar zu bauen, zu langsam war die Fähre. In einem Protokoll vom 21. Februar 1925 steht: „Die Neckarbau-Direktion hat sich bereit erklärt, die Eisenkonstruktion hierzu aus dem zum Abbruch bestimmten Steg bei Neckarsulm unentgeltlich abzugeben und sich vorbehaltlich höherer Genehmigung außerdem noch an den Baukosten prozentual (etwa 25%) zu beteiligen." Allein, das Dorf wollte etwas Neues und suchte nach weiteren Geldgebern. Am Ende kostete das gute Stück fast 49.000 Reichsmark. Den Löwenanteil berappte Horkheim mit 22.000 Reichsmark, die ebenfalls davon profitierenden Klingenberger dagegen machten sich mit Hinweis auf ihre Armut und einer Beteiligung von nur 1000 Reichsmark einen schlanken Fuß. Mit der unter lautem Jubel der Bevölkerung erfolgten Einweihung 1926 entfiel der Fährverkehr endgültig. Oder etwa doch nicht?

Nein, denn im April 1945, also kurz vor Kriegsende, sprengten die Deutschen den mittleren Teil der Eisenkonstruktion, um den feindlichen Truppen den Übergang zu verwehren. Nur wurden bereits während des Kriegs und auch noch einige Zeit danach die Kinder aus beiden Dörfern gemeinsam unterrichtet. Die Schüler kletterten nun mit Leitern das Ufer hinunter und wurden auf Not-Pontons übergesetzt, wie die beiden Heimatforscher von Dr. Friedrich Golter, einem damaligen Klingenberger Schüler erfuhren. „Bald nach dem Abzug der Truppen war aber das Verkehrsbedürfnis so stark, daß die Klingenberger freiwillig die Lücke zu schließen sich bemühten, durch behelfsmäßigen Einbau von Balken und Dielen", heißt es in der *Festschrift zum Horkheimer Heimatfest 1957*. „Da wurde auch der Nachen für eine bestimmte Zeit wieder aktiviert", erzählt Ruth Kinbacher. Zwei Jahre nach Kriegsende war der Steg schließlich wieder instandgesetzt. Und obwohl er bis zur Eingemeindung Horkheims 1974 dem Ort gehörte, wird er bis heute Klingenberger Steg genannt.

So geht's zum Steg:

Zum Klingenberger Steg gelangt, wer der Tränkgasse bis nach der Bahnunterführung folgt und sich dann nach rechts wendet.

Edith Süßenbach hätte sich gefreut, wenn das Römerbrückle wirklich wieder aufgebaut worden wäre.

Brückensteine

Schicksal eines historischen Bauwerks

Beim Gedanken an das Römerbrückle leuchten die Augen der alten Neckargartacher. Mit zwei Bögen und einem Pfeiler in der Mitte überspannte es bis 1960 schmuck den Leinbach in der Ortsmitte. Dann musste das gute Stück der neuen Römerbrücke weichen, die vor allem breiter war, die neue Führung der verbreiterten Römerstraße aufnahm und wesentlich mehr Lasten tragen konnte als das, was wohl schon vor 2000 Jahren für trockene Füße sorgte. „Die Neckargartacher werden ihr altes Römerbrückle wieder bekommen", schrieb die *Heilbronner Stimme* am 21. März 1961. Ist es tatsächlich so gekommen? Stadtführerin Edith Süßenbach kennt sich mit der Thematik bestens aus und weiß: Ganz so einfach war die Geschichte dann doch nicht.

Wurde das Römerbrückle, wie es der Name vermuten lässt, also tatsächlich von den alten Römern errichtet? „Nein", winkt Edith Süßenbach ab. Sie bleibt an einer kleinen Steinmauer im Leinbachpark stehen. Das hat seinen guten Grund, verbirgt sich doch in diesen paar Steinen, zusammengefügt zu einer kleinen Mauer, das Schicksal des historischen Brückles. „Die Römer hatten einen Weg vom Kastell in Böckingen zum Kastell in Wimpfen im Tal, der ging allerdings nicht ganz so direkt wie heute die Römerstraße (siehe Geheimnis 10)."

Das war so seit dem 1. Jahrhundert. Das beliebte Römerbrückle wurde allerdings erst 1525 errichtet und erhielt seinen Namen, weil es eben ein Teil der Römerstraße war. Vorgänger muss es gegeben haben, schließlich wollten die Römer ja auch über den Leinbach, aber über die ist nichts bekannt. Das Spannende für die Neckargartacherin: „Die Brücke stammte vermutlich aus der Bauhütte von Hans Schweiner, das ist doch genial." In der Tat, denn der ist kein Unbekannter im Heilbronner Raum. Jener Meister Hans Schweiner (1473-1534) aus Weinsberg ist nämlich für den Bau des berühmten Kiliansturms verantwortlich und mit großer Wahrscheinlichkeit eben auch für das kleine Römerbrückle in Neckargartach. In einem Abschnitt des Buchs *Neckargartacher Brücken* von Peter Hahn und Heinz Kurz heißt es dazu: „Ein am Kämpfer des großen Brückenbogens entdecktes Steinmetzzeichen (Kreuz und Winkelmaß) findet sich wieder im Oktogon des Westturms der Kilianskirche in Heilbronn." Die Steinmetzzeichen (siehe Geheimnis 43) verraten es also. „Für mich ist es einfach genial zu wissen, nachdem ich schon jahrzehntelang den Kiliansturm erkläre, dass ein weiteres Bauwerk von Hans Schweiner quasi vor meiner Haustür stand", erzählt die Stadtführerin begeistert.

1525 und dann auch noch von einem berühmten Baumeister? Das schreit doch geradezu nach Denkmalschutz. „Die Neckargartacher Gemeinderäte stimmten damals nur schweren Herzens dem Abbruch zu, weil es nur noch wenig historisches im Ort gab", weiß Edith Süßenbach. Tatsächlich setzte sich auch die Untere Denkmalbehörde dafür ein, dass das Brückle an anderer Stelle wieder aufgebaut wird. Also wurde jeder Stein sorgfältig nummeriert, abgetragen und erstmal beim alten Pumpwerk im Widmannstal zwischengelagert, bis ein geeigneter Platz gefunden war. Tja, und da lagen sie dann. Und lagen. Und lagen.

Und wurden immer weniger. „Auf wundersame Weise sind viele Steine verschwunden", erzählt die Stadtführerin. Erst in den 1970er-Jahren, als der Leinbachpark angelegt werden sollte, kam das Thema Römerbrückle endlich wieder auf. „Das Brückle soll im Zuge des Fuß- und Radwegs nach Frankenbach am westlichen Ende der Correllschen Insel den Nebenarm des Leinbachs kurz hinter der Abzweigung überbrücken", heißt es in einer Mitteilung des Tiefbauamts vom 24. August 1973. Da wurde allerdings auch schon angemerkt, dass beim Abbruch kein Geld für die Erhaltung der Steine eingesetzt worden war, weswegen sie dringend in absehbarer Zeit verarbeitet werden müssten, andernfalls wäre ein Wiederaufbau der Brücke illusorisch.

Als sich der Gemeinderat Mitte 1974 mit der Planung beschäftigte, stellte sich heraus, dass die Bearbeitung der alten Steine viel teurer wäre als eine neue Stein- oder Holzbrücke, was zu vielen Diskussionen führte. Erst recht, als auch das Stadtarchiv erklärte, dass eine Verkleidung einer modernen Brücke mit alten Steinen nicht sinnvoll sei, da nur ein geringer Teil der vorhandenen Brückenelemente darin verbaut werden könnte. Kulturdezernent Erwin Fuchs stellte sich gegen diese Auffassung. „Eine Brücke aus dem 15. Jahrhundert hat eine historische Bedeutung. Die Römerbrücke ist im Bewusstsein des Stadtteils Neckargartach", betonte er am 2. Juli 1974.

Letztlich waren aber zu viele Steine beschädigt, selbst die vorhandenen mussten aufwendig bearbeitet werden. Die Entscheidung fiel zugunsten einer Holzbrücke. Genau an dieser endet im Leinbachpark die Spurensuche, denn als kleine Reminiszenz an das alte Römerbrückle wurde hier aus den Resten des Abbruchs eine kleine Mauer errichtet. Nicht ganz so pittoresk wie das Original, aber immerhin sind nicht alle Steine spurlos verschwunden.

So geht's zu den Brückensteinen:

Auf Höhe des Hauses Widmannstraße 13 geht es in den Leinbachpark. Nach wenigen Metern befindet sich linkerhand die Wand aus den Brückensteinen zu Beginn des Bachübergangs.

Klein, aber fein – dieses Wehr im Mühlenkanal hat einmal große Maschinen angetrieben.

Wehr

Kleines Bauwerk mit kräftiger Wirkung

Der Mühlkanal, eine kleine Umleitung des Leinbachs, plätschert die Correllsche Insel in Neckargartach entlang. Ungehindert findet das Wasser seinen Weg. Ungehindert? Nein, ein kleines, hölzernes Wehr am linken Ufer stellt sich mutig einem Teil der Flut entgegen. So richtig sinnvoll scheint es an dieser Stelle allerdings nicht zu sein. Doch das war nicht immer so: „Das Wasser hat hier früher große Wasserräder angetrieben“, erklärt Peter Hahn. Der Ortshistoriker hat einen ganz persönlichen Bezug zu dieser Geschichte, denn seine verstorbene Frau war eine geborene Correll. Correll, wie die Insel heißt und wie der Name der historischen Hammerschmiede im Widmannstal einen knappen Kilometer bachaufwärts lautet. Deswegen kann er auch gut erklären, wie diese drei Dinge zusammengehören.

„1883 hat Heinrich Correll, der mit seinem Bruder Fritz bereits eine Hammerschmiede in Untergriesheim betrieb, das Haus und das Grundstück hier gekauft", erläutert Peter Hahn. Der Vorbesitzer Karl Lang hatte dort eine Bleiche und Ölmühle betrieben, aber bereits um 1838 hatte der damalige Eigentümer Johann Georg Hoffmann die vorherige Mahlmühle in eine Hammerschmiede mit zwei Hämmern und drei Wasserrädern umgebaut, die er allerdings schon 1844 wieder veräußerte. Das Mühlenanwesen muss aber sogar schon 1622 bestanden haben, denn damals hatte der spanische General Gonzalo Fernández de Córdoba (1585-1635) hier sein Hauptquartier aufgeschlagen, weswegen es bei der Brandschatzung im Zuge der Schlacht bei Wimpfen im Rahmen des Dreißigjährigen Kriegs (1618-1648) am 6. und 7. Mai 1622 verschont blieb.

Das führt jetzt aber ein bisschen zu weit. Festzuhalten ist, dass an dieser Stelle jahrhundertelang die Kraft des Wassers genutzt wurde. Die Familie Correll stammte ursprünglich aus Spanien, war dort Mitglied der angesehenen Schmiedekaste mit Sitz in Toledo, der ältesten Residenzstadt des Königs, und berühmt für seine Waffen- und Rüstungsschmiede. Einer dieser Corrells begleitete Fernando Álvarez de Toledo, Herzog von Alba (1507-1582) als Waffen- und Rüstungsschmied in die Niederlande und gründete eine Familie. Als diese sich während der Reformation zum Calvinismus bekannten, suchten sie Schutz bei den protestantischen deutschen Fürsten und verstreuten sich im gesamten deutschen Reich.

So landete ein Teil zuerst in Untergriesheim und dann auch in Neckargartach. „Heinrich Correll heiratete hier, kaufte das Anwesen und baute es zu einer Hammerschmiede um", erklärt Peter Hahn. Der Mühlkanal und das kleine Wehr setzten den ganzen Antriebsmechanismus für die schweren Teile in Bewegung. In dem Artikel *Alte Hammerschmiede in Neckargartach* im *Heilbronner Tagblatt* wird das System 1938 wie folgt beschrieben: „Ein Hebeldruck in der Werkstatt über den Hämmern genügt und die kleine Falle hebt sich, das Wasser setzt lautlos die 4 1/2 Meter hohen Räder in Bewegung." Schneller oder langsamer, je nachdem wie viele Liter durchgelassen werden. Die Wasserzufuhr regelte also der Schmied, während er an dem jeweils von ihm benötigten Hammer stand.

Peter Hahns Schwiegervater August Correll (1900-1990) übernahm das Familiengeschäft nach dem Tod seines Vaters bereits mit 18 Jahren in dritter Generation und versorgte damit seine zehn Geschwister, wie der Neckargartacher erzählt. „Er stellte vor allem Werkzeug für die Landwirtschaft und die Wengerter her: Hauen, Kärste, Spaten, Äxte, Beile und Hacken. Die waren alle aus einem Stück Eisen und galten als unzerstörbar."

Bis zum Ende der Hammerschmiede 1967 arbeitete August Correll mit der Kraft des Leinbachs, den er mithilfe des kleinen Wehrs bändigte. Die Stadt übernahm das Anwesen und das Gelände ein Jahr später. Die 48 Ar große Insel, die von Leinbach und Mühlenkanal umrahmt wird, heißt seitdem Correll'sche Insel. „Der damalige Oberbürgermeister Manfred Weinmann war selbst Neckargartacher, er hörte die Hämmer schon als kleiner Bub jeden Tag klopfen, deswegen hat er versprochen, die Schmiede der Öffentlichkeit zugänglich zu machen", erinnert sich der Ortshistoriker.

Doch das sollte noch ein ganzes Weilchen dauern. Statt wie ursprünglich geplant die Werkstatt als Sehenswürdigkeit zu öffnen, beschloss der Gemeinderat 1972 den Abbruch des Gebäudes. Das Innenleben wurde auseinandergebaut und im städtischen Bauhof eingelagert. „Die Teile wurden immer weniger, aber das Wichtigste blieb erhalten", erzählt Peter Hahn. Es sollte bis 1997 dauern, bis die Stadt sich endlich für einen Standort für die Correll'sche Hammerschmiede, nämlich in einem extra dafür gebauten Gebäude beim historischen Pumpbrunnen und der ehemaligen Papierfabrik von Johann Jakob Widmann, entschied. Am ursprünglichen Standort erinnert nur noch das kleine, standhafte, hölzerne Wehr an die handwerkliche Geschichte.

So geht's zum Wehr:

Zwischen der Frankenbacher Straße 69 und 71 führt ein kleiner Weg zum Leinbachpark. Wer sich auf der Brücke stehend nach rechts wendet, sieht das Wehr an der linken Uferseite. GPS: 49.168200,9.196387.

Wäre das Haus ein Mensch, sähe diese Erhebung durch die verputzte Kanonenkugel ein bisschen ungesund aus.

Kanonenkugel

Schnitzeljagd mal umgekehrt

Gottfried Friz erinnert sich noch genau daran, wann er dieses Geheimnis zum ersten Mal erblickte: „Ich hab' Frau Wagner mit dem Auto zu mir ins Geschäft gefahren und da sagte sie plötzlich, als wir an dem Haus vorbeifuhren: Ach ja, das ist eine Kanonenkugel, da hat mein Vater damals gemeint, da putzen wir einfach drüber", erzählt er. Friz war fasziniert. Noch nie war ihm dieser kugelförmige Hubbel direkt unter der Hausnummer an dem Gebäude aufgefallen, an dem er auf dem Weg zu seinem Ladengeschäft fast täglich vorbeifährt. Nun ist sie also entdeckt, aber damit beginnen die Fragen erst: Woher stammt das altertümliche Kriegsrelikt und warum steckt sie immer noch in der Wand? Die umgekehrte Schnitzeljagd beginnt.

Erste Station – das Wohnzimmer von jener Frau Wagner, genauer Elisabeth Wagner, Jahrgang 1925. Sie ist eine Freundin von Gottfried

Friz' verstorbener Mutter. Deshalb kümmert sich der Einzelhändler auch ein bisschen um die ältere Dame und nimmt sie wie an jenem Tag auch gerne mal mit in die Stadt, wenn sie sich bei ihm im Geschäft mal wieder mit neuer Bett- oder Tischwäsche ausstatten möchte. Elisabeths Vater Karl Mogler (1896-1991) war Architekt und hatte das Gebäude in der Großen Bahngasse 8-10 für die Weinkellerei Zapf, deren Besitzer zu den ältesten Wengerterfamilien Heilbronns gehören, 1948/49 als Wohn- und Geschäftshaus mit zwölf Wohnungen, modernen Betriebsräumen sowie Keller und Weintankanlage wieder aufgebaut. Hat er die Kanonenkugel dabei in der vielleicht letzten noch stehenden Wand einfach stecken lassen, um die verbliebene Bausubstanz nutzen zu können? Näheres kann auch seine Tochter nicht mehr dazu sagen.

Mit diesen Informationen geht es weiter. Bei den Recherchen stellt sich heraus, dass Otto Zapf, der die Firma bis 1964 als Weingroßhandlung führte, schon lange verstorben ist. Seine Witwe muss am Telefon mitteilen, dass sie leider nichts über diese Kanonenkugel weiß. Gut, dann vielleicht der nächste Besitzer. Wer ein Haus mit einem großen Knubbel kauft, will doch wissen, was das ist. Sollte man zumindest meinen. Die Spur führt weiter zu einem der Vorbesitzer. Der lebt in Stuttgart und ist völlig überrascht von der Anfrage. „Das ist mir in 30 Jahren noch nie aufgefallen." Wieder eine Sackgasse.

„Das ist mir in 30 Jahren noch nie aufgefallen."

Ein anderer Ansatz muss her. Also geht es jetzt ins Stadtarchiv. Auf alten Stadtplänen ist zu sehen, dass die Große Bahngasse in ihrer heutigen Position nur einen Steinwurf von der alten, bereits Anfang des 19. Jahrhunderts abgebrochenen Stadtmauer entfernt ist. Auf einer gezeichneten Stadtansicht von 1658 kann man an dieser Stelle bereits Bebauung erkennen. Baupläne aus dem Jahr 1874 zeigen, dass alles bereits unterkellert war. Um das mögliche Alter der Kugel zumindest ein bisschen besser eingrenzen zu können, machen sich Gottfried Friz und die Autorin mit einer Leiter und einem schweren Kühlschrankmagneten – er zeigt eine Ansicht der Hamburger Speicherstadt – auf den Weg zur Kugel. Friz erklimmt die Sprossen, hält den Magneten an die Erhebung und es passiert – nichts. Gar nichts.

Warum das Ganze? Nun, Kanonenkugel ist nicht gleich Kanonenkugel. Als im 14. Jahrhundert begonnen wurde, mit Geschützen zu schießen, waren das vorwiegend Stein- oder Bleikugeln. Eisenkugeln zu schmieden war einfach noch zu aufwändig. Erst als die verarbeitende Industrie in der Lage war, diese zu gießen, änderte sich die Lage. Im Laufe des 15. Jahrhunderts setzten sich diese Geschosse langsam durch, bis sie im 16. Jahrhundert allgemein eingeführt wurden. Ihre steinernen Kollegen verschwanden von der Bildfläche, wurden nur noch bei großen Belagerungen genutzt, da sie natürlich leichter und damit einfacher zu transportieren waren. Das kleine Experiment mit dem Küchenmagneten, bei dem die Hamburger Speicherstadt fast zu Boden gefallen wäre, beweist also: Es muss sich um eine Stein- oder Bleikugel handeln! Und der Dreißigjährige Krieg im 17. Jahrhundert hat sich damit auch erledigt.

Wir haben also einen Zeitraum, etwa 14. bis 16. Jahrhundert. Was ist in dieser Zeit in Heilbronn so alles passiert? Vereinfacht könnte es so beschrieben werden – echt viel. Es waren nicht gerade friedliche Zeiten, ständig lag irgendwer mit irgendwem im Clinch und damals gab es nun mal keinen Arbeitskreis mit Personen, die sich den Redeball zuwerfen um das Ganze friedlich auszudiskutieren. Nein, man griff zu den Waffen.

Gottfried Friz ist von der überputzten Kanonenkugel völlig begeistert.

Der ehemalige stellvertretende Leiter des Heilbronner Stadtarchivs Hubert Weckbach hat in seinem Beitrag *Die Stadt in den Fehden und Kriegen des 14. bis 16. Jahrhundert* eine ganze Liste mit Auseinandersetzungen aufgeführt. Da wäre zum Beispiel der Große Städtekrieg von 1368 bis 1388, bei dem die Heilbronner Gemarkung wiederholt verwüstet wurde. So erschienen 1388 der Pfalzgraf und der Markgraf von Baden vor Heilbronn, konnten aber gegen die stark befestigte Stadt nichts ausrichten, woraufhin sie die Baum- und Weingärten außerhalb zerstörten. Mitte des 15. Jahrhunderts folgten zahlreiche Fehden und Kriegszüge, darunter auch der Pfälzisch-Bayerische Krieg 1459, der erneut den Ruin der Weinberge und Felder rund um die Stadt zur Folge hatte. Nach dem von Kaiser Friedrich III. (1415-1493) ausgerufenen zehnjährigen Landfrieden, der 1495 vom deutschen König und späteren Kaiser Maximilian I. (1459-1519) zum Ewigen Landfrieden mit dem Verbot des mittelalterlichen Fehderechts erweitert wurde, hielt die heile Welt nur wenige Jahre und auch das späte Mittelalter war wieder von zahlreichen Fehden und Kriegszügen geprägt.

Stammt unsere Kanonenkugel also aus einer dieser Belagerungen? Steckt sie bereits seit dem Mittelalter in der Großen Bahngasse 8 fest? Das wäre zwar sensationell, kann aber leider nicht sein. Selbst wenn das Gebäude oder zumindest diese Wand bis ins 20. Jahrhundert immer Bestand gehabt hätte, wurde es dann doch beim Bombenangriff auf die Heilbronner Altstadt am 4. Dezember 1944 komplett zerstört. Modelle und Aufnahmen zeigen, dass die Kernstadt platt war, auch in diesem Bereich. Warum also steckt eine mittelalterliche Kanonenkugel in einem 1949 wieder aufgebauten Haus? „Es kann durchaus sein, dass der Architekt Mogler, der auch sehr geistreich und witzig war, die Kugel beim Wiederaufbau fand, erkannte was es war und direkt als Fundstück ‚aufräumte' – nach seiner Einschätzung ‚originalgetreu'", mutmaßt Gottfried Friz am Ende der langen Schnitzeljagd. Manche Geheimnisse geben ihre Geschichte nicht preis. Aber spannend sind sie allemal!

So geht's zur Kanonenkugel:

Die Kanonenkugel befindet sich am Gebäude Große Bahngasse 8 direkt unter der Hausnummer.

Der neobarocke Pavillon ist in Heilbronn einzigartig.

Belvedere

Sommerfrische am Wartberg

Der neobarocke Bau ist in Heilbronn einzigartig und gut zu sehen, sowohl von der Wartbergsteige als auch vom Wartberg aus. Und trotzdem rückt dieser besondere Pavillon am Nordhang nur selten in den Blick von Spaziergängern. Umgeben von einem großen Gartengrundstück, steht er einfach da in seiner Pracht – und ist definitiv einen genaueren Blick wert.

„Ursprünglich war das hier die Sommerfrische einer reichen Kaufmannsfamilie", erläutert Heidi Rausch, die sich seit 2017 mit ihren Mitstreitern vom „Freundeskreis Generationengarten" der evangelischen Nikolaigemeinde um das Anwesen kümmert. Sommerfrische? Das ist ganz wörtlich zu nehmen, denn wer es sich leisten konnte, zog sich in den heißen Monaten aus der stickigen Stadt zurück aufs „Land", also zumindest ins Grüne. „Was uns heute willkommene Abwechslung vom eng getakteten Arbeitsleben bedeutet, war für unsere Vorfahren früher lebenswichtige Grundlage der Ernährung und Materialbeschaffung", geht Dr. Joachim Hennze in seinem Aufsatz *Rückzug ins Grüne* zurück in der Bedeutung von Gärten. Mit dem Selbstverständnis absolutistischer Könige in Frankreich sei der Stellenwert von Gärten in der Kunstgeschichte gestiegen, angelegte Grünflächen wurden Teil des architektonischen Konzepts von Herrenhäusern und Schlössern. Damit die Sommerfrischler bei plötzlich hereinbrechendem Regen oder an kühleren Tagen einen Rückzugsort hatten, schufen die Architekten Pavillons. Und ein hübscher Ort zum Teetrinken waren sie natürlich auch. „Die Mode des Gartenpavillons kam mit der zweiten Hälfte des 18. Jahrhunderts in bürgerlichen Kreisen an", erläutert Hennze weiter.

Ganz so alt ist das gute Stück im Gewann Nordhang unweit der historischen Wartberghohle nicht. Vielmehr ließ der Holzhändler Rudolf Sperling (1859-1925) das achteckige Häuschen 1912 vom Heilbronner Architekten Adolph Braunwald (1875-1951) für seinen Sohn Rudolf Sperling in einem großen Garten errichten. Die Familie gehörte zur Heilbronner Oberschicht, die während der Gründerzeit überwiegend aus Kaufleuten und Unternehmern bestand, die häufig durch Heirat miteinander verwandt waren. So war etwa Rudolf Junior durch die Ehen seiner Tanten mütterlicherseits auch ein Neffe des Stadtarztes Alfred Schliz (1849-1915) und des Silberfabrikanten Peter Bruckmann (1865-1937).

Der Platz für das Bauwerk war grandios gewählt, lag dem Besucher doch die Stadt zu Füßen. Braunwald hatte kein Faible für ornamental überladene Formensprache historischer Gebäude, sondern entschied sich für einen klassischen achteckigen Grundriss, ein Bautyp, der schon in der italienischen Renaissance auftaucht und zwischen 1600 und 1800 auch im deutschen Schlossbau geschätzt wurde. Links und rechts vom Pavillon sind Pergolen mit, wie Heidi Rausch findet, sehr extravaganten Vasen auf den Stützen, angebracht. Ganz besonders ist aber das Dach, eine sogenannte „Welsche Haube" in Form einer Glocke. Im Gegensatz zu größeren Sommerfrischen gab es hier allerdings kein weiteres Gebäude zum Übernachten, war das Gelände doch nicht so weit vom eigentlichen Haus der Sperlings in der Stadt entfernt.

Lange hatte der junge Rudolf Sperling nichts von seinem Sommersitz: Der Leutnant der Reserve zog zwei Jahre später in den Ersten Weltkrieg und fiel 1914 im Alter von 26 Jahren in Frankreich. Nun ging der Pavillon mitsamt dem 38 Ar, also grob einem halben Fußballfeld großen, mit Trockenmauern terrassierten Garten an seine Cousine Irmgard Link (1888-1976), Krankenschwester und spätere Stadträtin. Sie blieb kinderlos und stiftete das Grundstück 1975 der evangelischen Gesamtkirchengemeinde zum Zweck der Müttererholung und der Jugendpflege. „Die Diakonie hat den Garten dann bewirtschaftet und als Seniorengarten betrieben", erzählt Heidi Rausch die Geschichte der reizvollen Grünfläche weiter. In den 1980er- und 1990er-Jahren habe es hier oben fast täglich Programme künstlerischer Art für die Ältesten der Gesellschaft gegeben. „Dadurch hat sich auch der Name vom ursprünglich Sperling'schen Garten zum Seniorengarten gewandelt." Die Diakonie beendete die Bewirtschaftung der Grünfläche und des Gartens zum 31. Dezember 2016. Innerhalb der Nikolaikirchengemeinde, in deren Einzugsgebiet sich das Grundstück befindet, fanden sich daraufhin interessierte Gemeindemitglieder, die den „Freundeskreis Generationengarten" gründeten und sich seitdem ehrenamtlich für die Bewirtschaftung und Erhaltung einsetzen. „Wir nennen es Generationengarten, weil es ein Begegnungsort für alle sein soll", erläutert Heidi Rausch. Seitdem erfreuen sich die Menschen bei Gottesdiensten, Sommerfesten und weiteren Veranstaltungen am neubarocken Pavillon und dem Wahnsinnsausblick über die Stadt – die Sommerfrische für alle. Ob der eine oder andere dabei auch an Rudolf Sperling denkt, dem nur so wenige Sommer in seinem Pavillon beschieden waren?

So geht's zum Belvedere:

Zum Pavillon gelangt, wer die Wartbergsteige hochfährt und vor Beginn des Fußwegs rechts abbiegt.

Kiosk und Trafostation in hübscher Ummantelung – der Kiosk am Industrieplatz.

26

Kiosk

Ein elektrisierender Ort

Der Verkehr braust an mehreren Seiten vorbei, die Stadtbahnhaltestelle ist nicht weit und in allen Blickrichtungen erheben sich Gebäude: Am Industrieplatz im ursprünglich mal Kleinäulein genannten Industriegebiet pulsiert das Leben. Auch am dortigen Kiosk ist an diesem Nachmittag einiges los. Genau dessen Geschichte soll hier auf den Grund gegangen werden. „Die Heilbronner haben sich bei seinem Bau ziemlich darüber lustig gemacht", verrät Peter Schmelzle, Mitglied im Historischen Verein Heilbronn, schon mal. Dabei ging es jedoch gar nicht um den Kiosk, denn der war beim Bau des hübschen kleinen Gebäudes nur ein zusätzliches Bonbon für diesen aufstrebenden Teil des Stadtgebiets. Um was ging es also?

Wir schreiben das Jahr 1924. Die Stadt Heilbronn wächst und will mehr Flächen für Industrieansiedlung erschließen. „Natürlich war die

Zeit der Hyperinflation gerade erst vorbei, die Stadtfinanzen waren durchaus klamm", erläutert Peter Schmelzle. Nichtsdestotrotz, es muss schließlich weiter gehen. Und was braucht die Industrie? Klar, Strom. Aus heutiger Sicht vollkommen logisch. Schmelzle: „Ich denke, damals hatten viele Bürger noch nicht begriffen, wie wichtig die Elektrifizierung ist." Die Stadtverwaltung schon: Am 24. Oktober 1924 schließt sie einen Vertrag mit dem „Württembergischen Portlandzementwerk zu Lauffen a.N. Elektrizitätswerk Heilbronn" über die Errichtung eines Umformerhauses mit Verkaufsraum an der Salzstraße auf dem freien Platz zwischen Weipert-, Koepff-, Au- und Goppeltstraße – genau unser Kiosk. In diesem Vertrag ist zu lesen: „Die Stadtgemeinde errichtet […] ein freistehendes Gebäude mit Verkaufshalle, Bedürfnisanstalt und 7,50 x 4 m großem Raum für das Elektrizitätswerk zur Einrichtung einer Umformerstelle."

Peter Schmelzle weiß um die humorvolle Geschichte des Kiosks.

Interessanterweise wird das Elektrizitätswerk auch dazu verpflichtet, kostenlos eine einzelne Straßenlaterne zur Beleuchtung des umliegenden Platzes zu betreiben. Genau auf diesen Passus bezieht sich denn auch eine Karikatur von Walther Eberbach zum Theaterhilfstag 1926. Auf der Radierung ist das hübsche runde Häuschen mit seinem kleinen Turm und den vielen Säulen außen herum zu sehen, lauter Baugruben und eine einzelne Lampe im Nirgendwo. Im Hintergrund ist der Wartberg mit dem 1926 gebauten Hochbehälter zu erkennen, auf dem in großen Lettern das Wörtchen „Pump" geschrieben steht – ein klarer Hinweis auf den klammen Stadtsäckel. In einem Artikel in der *Neckar-Zeitung* aus dem Jahr 1930 merkt der Autor süffisant an: „Man wartet unwillkürlich, bis die nächste Elektrische anhält." Allein – elektrische Züge fahren hier nicht. Also viel Lärm um nichts beim Bau des Gebäudes?

Strom gibt es allerdings schon, verlegt das Elektrizitätswerk laut Vertrag doch auf 360 Metern ein 5000-Volt-Kabel. Der Bau des schmucken Gebäudes kostete 10.000 Reichsmark, wobei die Stadt für ihren Gebäudeteil 6.500 Reichsmark übernahm. Der dem Trafohäuschen angegliederte Verkaufsraum wird an den Kriegsschwerbeschädigten Friedrich Gsell verpachtet, der dafür 30 Mark Mietzins im Monat zahlen muss. Eins wurmt den Mann allerdings sehr: „Er durfte keinen Alkohol und insbesondere kein Flaschenbier verkaufen", erzählt Peter Schmelzle. Dieses Verbot beruht auf einem früheren Gemeinderatsbeschluss, der dies generell in städtischen Verkaufshäuschen und auf städtischen Verkaufsplätzen untersagte. In der entsprechenden Akte ist zu lesen: „Das Liegenschaftsamt meint, dass von dieser Bestimmung unter keinen Umständen abgegangen werden sollte, weil zu befürchten sei, dass sich dann bei dem Verkaufsraum der reinste Wirtschaftsbetrieb entwickeln würde, der nicht nur für den Verkehr lästig wäre, sondern auch allerlei Widerwärtigkeit mit sich bringen würde." Da sich in allernächster Nähe zwei Wirtschaften befänden, könne wohl von keinem Bedürfnis gesprochen werden.

Die eingangs erwähnten Spötter sollten nicht Recht behalten, das Gebiet entwickelte sich in den Folgejahren munter weiter. Der Kiosk wurde bis 2016 betrieben. Seit 2017 bietet die Mitternachtsmission der Diakonie hier einen niederschwelligen Treffpunkt für die Bewohner der Nordstadt sowie aus dem Obdachlosen- und Suchtmilieu, aber zu bestimmten Zeiten sind auch die Kinder aus der Gegend herzlich willkommen. Auch der zweite Teil des Gebäudes ist immer noch in Betrieb – als Trafostation. Ach ja, und inzwischen gibt es auch weit mehr als eine Straßenlaterne im Industriegebiet.

So geht's zum Kiosk:

Der Kiosk befindet sich direkt am Industrieplatz.

Mitten zwischen Neubauten zeugt dieses letzte Stück Mauer von einer faszinierenden Zeit.

Mauerrest

Vom Leben hinter dicken Wänden

Schreiben und lesen lernen, studieren, vor allem nicht von einem Mann abhängig sein – was heute zumindest in unserer Kultur und Zeit selbstverständlich klingt, war es für die Frauen vor 700 Jahren so ganz und gar nicht. „Es gab wohl in früheren Zeiten immer eine Tendenz, sie zu bevormunden“, formuliert es Pfarrer Roland Rossnagel vorsichtig. Diese Gedanken kommen dem katholischen Dekan, als er auf ein Stück der Mauer in der Siebeneichgasse blickt, die zwar sehr hoch und offensichtlich auch sehr alt ist, aber doch nur ein vergleichsweise winziges Überbleibsel der einstigen Pracht. Wie ein Fremdkörper steht sie inmitten all der modernen Bebauung. Welche Geschichte erzählt dieser Mauerrest? Wer lebte dahinter und wie sah das Leben dort aus? Roland Rossnagel hat darüber einiges zu berichten.

Die Reise beginnt im Hochmittelalter, nicht in Heilbronn, sondern im italienischen Assisi. Da klingelt doch sofort etwas. Genau, Franz von Assisi (1182-1226), Sohn eines wohlhabenden Tuchhändlers. „Radikale Armut lag in der Luft, Reiche wurden immer reicher, Arme immer ärmer, falls einem das bekannt vorkommt", beschreibt der Geistliche die damalige Zeit. Als Giovanni, Rufname Francesco, di Bernardone geboren, kehrt Franz von Assisi nach einer existentiellen Lebenskrise dem betuchten Leben den Rücken, um ganz nach der Lehre Jesu in radikaler Armut zu leben. Das Freisein von Besitz und Bindungen fasziniert ihn. Nur Gott verpflichtet er sich. Bald zieht das Kreise. Andere schließen sich ihm an. So wird er eher ungewollt Gründer des Franziskanerordens. „Bald sprang der Funke auch auf Frauen über, darunter die Adelige Klara, Tochter von Favarone di Offreduccio di Bernadino." Unter dramatischen Umständen bricht sie mit ihrer Familie und schließt sich Franziskus an. Später gründen sie gemeinsam mit anderen Schwestern den Orden der Klarissen. „Auch die Klara-Schwestern lebten in strenger Armut nach dem Evangelium und fanden so zu einer ganz neuen, inneren Freiheit", erläutert Rossnagel.

Das franziskanische Lebensideal breitet sich schnell auch über die Alpen hinaus aus. Bei Klaras Tod 1293 gibt es bereits 111 Klöster. Seine Blütezeit erreicht der Orden 1680 mit 925 Klöstern und 34.000 Nonnen.

Irgendwann Ende des 13. Jahrhunderts gründen der Edelknecht Konrad der Kleine von Talheim und sein Sohn Konrad ein Klarissenkloster in Flein. „Allgemein wird das Jahr 1289 genannt, gestützt auf Carl Jägers *Geschichte der Stadt Heilbronn* von 1828, wonach das Kloster in diesem Jahr von den Edlen von Talheim gestiftet, erbaut und mit einem großen Hof ausgestattet worden sei", schreibt Willi Zimmermann im Buch *Neue Forschungen zum Heilbronner Klarakloster*. Allerdings gilt die Stiftungsurkunde inzwischen als verschollen. Um 1300/01 suchen die Nonnen den Schutz der großen Stadt. Laut einer Urkunde vom 3. Januar 1302 gestattet Bischof Manegold von Würzburg (gestorben 1303) den Klaranonnen den Umzug nachträglich, da waren sie also schon in Heilbronn angekommen. Damit ist klar, ja, der Mauerrest gehört zum ehemaligen Klarakloster. Fragt sich nur, warum es davon nicht noch mehr gibt. Denn immerhin war es nach dem Deutschen Orden die zweitgrößte der zwischenzeitlich vier Klosteranlagen in Heilbronn. Mit 6200 Quadratmetern befand sie sich im Südosten der Stadt unmittelbar hinter der von Norden kommenden und nach Süden abbiegenden Stadtmauer und des Stadtgrabens, umschlossen von einer über fünf Meter hohen und etwa 60 Zentimeter dicken Mauer – das ist noch zu erkennen. Ganz so in radikaler Armut, wie der ursprüngliche Gedanke gewesen war, lebten die Frauen allerdings nicht. Die einzelne Schwester durfte zwar keinen privaten Besitz haben, aber dem Kloster war das durchaus gestattet. Schenkungen, Gebetsstiftungen und die Mitgift der Schwestern sicherten den Unterhalt.

Im Jahr 1513 konnten 500 Hektar Land im weiten Umkreis, größtenteils Erblehensgüter, aufgezählt werden. Ihre Erträge lagerten die Schwestern in einem riesigen Keller, in dem 120.000 Liter Wein Platz fanden! Der spielte dann wohl auch während des Bauernkriegs in der Karwoche 1525 eine schlimme Rolle. „Es war ein gros zulawffens (großer Zulauf) mit dem weinholen zu Sant Clara, schrieb damals der Heilbronner Reformator Johannes Lachmann dem Bürgermeister und warnte vor der Gefahr, die der Stadt deswegen drohte", dokumentiert Zimmermann. Tatsächlich zogen berauschte Bauern, Bürger und sogar Räte plündernd, raufend und brennend durch die Straßen, fast eine Woche herrschte „bäuerlicher Hexensabbat", wie der Autor es nennt. Jener Klosterkeller wurde 1950 beim Bau eines Geschäftshauses an der Ecke Allee/Kiliansstraße freigelegt und bestaunt. Diese Ortsangabe und der kleine Mauerrest zeigen schon die Ausmaße des Klarissen-Refugiums – all das, was heute als Klosterhof ein Einkaufstempel mit Parkhaus ist, war einst das Heim dieser Nonnen.

Von denen gab es zwei Klassen: Die Chorschwestern erledigten die geistlichen Pflichten beim Gottesdienst, ihnen war auch das Studium und feine Handarbeit vorbehalten. Die Laienschwestern erledigten die Hausarbeiten, kümmerten sich um die Gärten, Ställe und den Dienst an der Pforte. Die Klosterordnung schrieb beiden lange Fastenzeiten und Stillschweigen vor, nur mit leiser Stimme oder Zeichensprache durfte Unerlässliches mitgeteilt werden. Dementsprechend war der Verkehr mit der Außenwelt weitestgehend untersagt. Die Heilbronner lebten nach milderen Regeln, denen der Konventualen, im Gegensatz zu den strengeren Observanten. Dieses „ungeistliche Leben", das damals in vielen Männer- und Frauenklöstern verbreitet war, wie es Willi Zimmermann beschreibt, rief die Obrigkeiten auf den Plan. „Auf Veranlassung von Pfalzgraf Friedrich I. hatte Papst Paul II. in einer Bulle die Äbte von Maulbronn und Hirsau und den Rat der Stadt beauftragt, die beiden Heilbronner Klöster zu reformieren, das hieß, sie der Observanz zuzuführen", erläutert er. Von in Unzucht geborenen Kindern war da als Vorwurf die Rede, wobei nach der Untersuchung nur übrigblieb, dass sich ein Teil der Nonnen nicht an alle Vorschriften bezüglich der Mahlzeiten und der Bekleidung hielt. Viel Wind um wenig also, nichtsdestotrotz gehörte das Heilbronner Klarakloster nun zu den strengen Observanten. Ganz nebenbei bekamen die Klarissen auch noch die Güter der Franziskaner überschrieben, die sich zwar heftig dagegen wehrten, aber als Barfüßerkloster durften die nun wirklich keinen Besitz ihr eigen nennen. Dazu gehörte auch ein 4300 Quadratmeter großes Gartengelände, das östlich des Klosters – beim heutigen Hafenmarktturm – bis zur Stadtmauer und zum Stadtgraben reichte.

Die meisten Franziskaner verließen daraufhin die Stadt, die Klarissen blieben – und hatten weiterhin mit den Unwägbarkeiten der Zeit zu kämpfen. Der Bauernkrieg wurde bereits erwähnt, die Reformation fiel in die gleiche Epoche. „Der Rat wollte nichts Katholisches mehr in der Stadt haben", erklärt Roland Rossnagel. Freilich, der Deutsche Orden und auch die Klaraschwestern ließen sich nicht vertreiben, weil sie vom Rat der Stadt unabhängig direkt dem Kaiser unterstanden.

Die Nonnen wurden weiter geduldet. Im Dreißigjährigen Krieg (1618-1648) wehrten sich 21 Schwestern mit allen Mitteln gegen ihre Vertreibung, selbst als die Stadt sie zwang, lutherischen Predigten zuzuhören, und einen Schneider schickte, der den Frauen weltliche Kleidung anpassen sollte. Er musste unverrichteter Dinge wieder abziehen. Im September 1633 wurden die Klarissen dann doch mit Gewalt fortgeschafft und das Kloster mit Soldaten belegt. „Während eines gemeinsamen Gebetes wurden die Nonnen aus der Kirche geholt, auf Fuhrwerke verladen und unter dem Hohn und Spott der Bevölkerung in ein ärmliches Bürgerhaus geführt", schreibt Willi Zimmermann. Als die Kaiserlichen ein Jahr später die Reichsstadt eroberten, bekamen die Nonnen ihr Kloster zurück. Von da an genossen sie wachsende Wertschätzung, auch weil sie sich statt der nicht mehr vor Ort tätigen Beginen um die Pflege der Kranken und die Fürsorge der Armen kümmerten. Sie stellten sogar ein berühmt gewordenes „Schlagwasser für innere und äußere Gebrechen" her, also eine Art Klosterfrau-Melissengeist – aber schon 1793!

Nur kurze Zeit später folgte dann doch das Aus. Der Reichsdeputationshauptschluss 1803 brachte die Säkularisation, also die Enteignung und Aufhebung allen geistlichen Besitzes. Das Klarakloster wurde Eigentum des Herzogtums Württemberg. Am 17. Juli 1811 verließen die Heilbronner Klarissen ihr Heim, das sie über 500 Jahre mal mehr, mal weniger gut beschützt hatte. Zwölf Nonnen und sechs Laienschwestern waren übriggeblieben. Die letzte Heilbronner Äbtissin Amata verstarb 1852.

Noch standen die dicken Mauern allerdings und wurden erst einmal über 60 Jahre als Zuchtpolizeihaus und königliches Kreisgefängnis genutzt. 1889/90 wurde alles abgebrochen, der Stadtgraben mit dem Material aufgefüllt und das Areal neu überbaut. Noch einmal dann nach dem Zweiten Weltkrieg und ein vorerst letztes Mal in seiner jetzigen Form 2009. Übrig blieb nur unser kleiner, hoher Mauerrest. Versteckt gibt es übrigens noch mehr davon, diese Reste wurden direkt anschließend an das Relikt 1964 bei Bauarbeiten entdeckt und auch erhalten. „Sichtbar bleiben wird allerdings nur, wie bisher, der kleine, gegen die Siebeneichgasse stoßende Teil", schrieb Werner Heim damals in der *Heilbronner Stimme*.

So geht's zum Mauerrest:

Der letzte Rest des Klaraklosters befindet sich gegenüber von Siebeneichgasse 21.

Stadtführer Uli Sauter bringt seine Gäste immer wieder gern zu der Gründertafel.

Firmenschild

Von der Spedition zur Essigmanufaktur

Uli Sauter erinnert sich genau, wie er als kleiner Bub mit dem Papa von Sontheim am Neckar entlang in die Stadt gelaufen ist. „Hinter der in diesem Alter riesig erscheinenden Mauer stand ein Taubenschlag und mein Vater musste mich immer hochheben, damit ich die Vögel anschauen konnte", erzählt er lächelnd. Das Interesse für Tauben ist verblichen, das für das parkähnliche Gelände nicht. Vor allem das alte Schild mit der Aufschrift *Georg Friedrich Rund Gegr. 1727 Rosenberg 1-12* am Torpfosten hat es ihm angetan. Das Jahr 1727 lässt stutzen, so lange gibt es hier am Rosenberg nämlich noch gar keine Bebauung.

Das Schild ist nicht nur älter als der Torpfosten, an dem sie angebracht ist, ihre Geschichte beginnt auch schon vor dem Jahr, das drauf steht, man könnte sogar sagen, am 17. März 1701. An diesem Tag wird

Georg Friedrich Rund (1701-1786) in Stetten im Remstal geboren. Nach der Kaufmannslehre in Stuttgart zieht es ihn die Ferne, fünf Jahre verbringt er in Erfurt und gerade, als er plant, sich in Paris beruflich weiterzubilden, ereilt ihn die Bitte seines früheren Lehrherrn, der Witwe des Senators Pfeil das Geschäft zu führen. Der 1722 verstorbene Georg Friedrich Pfeil hatte in Heilbronn ein erfolgreiches Speditionsunternehmen aufgebaut. Rund lässt sich erweichen und kommt im Dezember 1725 in die Käthchenstadt – und bleibt für immer. „Rund scheint schnell heimisch geworden zu sein, denn am 7. Juli 1727 heiratete er Sophie Cordula Köhler, die Nichte der Witwe Pfeil, und wurde im September schließlich Heilbronner Bürger", erzählt Stadtführer Uli Sauter. Vor allem aber übernimmt er das Pfeil'sche Speditionsgeschäft in der Fleiner Straße 2 und führt es unter seinem Namen fort.

So weit, so spannend, doch was hat das alles mit dem Schild zu tun? Das Jahr der Firmenneugründung unter dem Namen Georg Friedrich Rund ist geklärt, doch bevor der Rosenberg, an dem das Schild heute zu finden ist, ins Spiel kommen wird, schreibt die Firmengeschichte noch ein anderes Kapitel: Zunächst einmal beschränkt sich Georg Friedrich Rund auf die Spedition, die damals allerdings auch schon den Handel mit eigenen Waren beinhaltet. Doch Rund ist ehrgeizig, will mehr und kauft 1759 eine Eisenschmiede auf dem Hefenweiler am Neckar und baut eine neue Eisenschmelzerei dazu. Wesentlich profitabler ist allerdings die neu errichtete Ölmühle. Bis 1780 wird sie so vergrößert, dass sie auch Färbholz, Gips und Tabak mahlen kann.

Zu dieser Zeit ist Georg Friedrich Rund gar nicht mehr Chef der Firma. 1771 hatte er sich als einer der bedeutendsten und erfolgreichsten Kaufleute des 18. Jahrhunderts in Heilbronn zurückgezogen und seinen Schwiegersöhnen Georg Friedrich Mertz (1735-1795) und Alexander Orth (1741-1800) die Geschäftsführung übergeben. „Mertz war seinerzeit der reichste Mann der Stadt und bezahlte jährlich 675 Gulden Steuern", erzählt Uli Sauter. Zum Vergleich: Die zu Heilbronn gehörenden Dörfer Böckingen, Flein, Frankenbach und Neckargartach zahlten zusammen 165 Gulden.

Erst die nächste Generation bringt Licht ins Rätsel um den Rosenberg. Christian Mertz (1772-1824) und Georg Orth (1774-1835) bauen auf dem Gelände, das außerhalb der Stadtmauern lag, 1801 die erste Bleiweißfabrik Heilbronns und starten gleichzeitig die Essigfabrikation, benötigte man doch Essigsäuredämpfe für die Produktion der beliebten wetterfesten Farbe. Am Tor zum neuen Firmenhauptsitz bringen sie das Schild mit dem Gründungsdatum an.

Die Firma Georg Friedrich Rund produziert nun also auf dem Hefenweiler und am Rosenberg. Die Produktpalette ändert sich im Detail in den Folgejahren immer wieder. Seit Dezember 1856 befindet sich die Firma im alleinigen Besitz der Familie Mertz.

Ein wichtiger Einschnitt ist der Kauf der Firma Lindenmeyer & Co aus Konkursmasse am 24. Dezember 1887. Diese stellt damals Presshefe und Spiritus her und wird fortan als Tochterfirma der Firma Georg Friedrich Rund geführt. 1919 zieht Lindenmeyer an die Neckarsulmer Straße und fokussiert sich auf Malzprodukte, während der Essig bei Rund bleibt. Die Essigfabrik wird in der Bombennacht am 4. Dezember 1944 zerstört, aber wieder aufgebaut. Anfang der 1970er-Jahre folgt dann doch die Abwicklung der Fabrik am Rosenberg. Das Gelände wird an die Stadt Heilbronn verkauft. „Es gab große technische Veränderungen bei der Essigherstellung, man hatte einfach nicht das Geld, in neue Anlagen zu investieren", erklärt Dr. Friedrich Mertz, der das Unternehmen heute in achter Generation leitet. Die Hefe der Firma Lindenmeyer wird zum Hauptgeschäftszweig, die Firma Georg Friedrich Rund existiert nur noch als Mutterfirma. Für die Lindenmeyer-Fabrik in der Neckarsulmer Straße erfolgt das Aus 2015, dort steht heute ein Discounter. Dr. Friedrich Mertz krempelt das Unternehmen Lindenmeyer um, besinnt sich auf die Ursprünge und produziert seit 2019 in Öhringen hochwertige Bio- und Demeter-Essige sowie Malzprodukte. „Der Essig mag zwischendurch an Bedeutung verloren haben, aber er war immer Teil unserer Geschichte."

So geht's zum Firmenschild:

Das Firmenschild hängt am rechten Pfosten des Eingangstors zum Grundstück Rosenberg 1.

Lösswand

Wohlfühlen seit 280.000 Jahren

Idylle pur im Böckinger Ziegeleipark. Wo einst Mammuts friedlich grasten und Urmenschen sich am Feuer wärmten, watscheln heute am See ein paar Enten, ein Schwan läuft gemächlich an ballspielenden Jugendlichen vorbei und in einer Ecke grillt eine Familie. Mittendrin erhebt sich eine zehn Meter hohe, natürliche Wand. Sie besteht aber nicht aus Stein, sondern aus Löss. Deutlich sind drei verschiedene Schichten erkennbar. „Dieser sehr kalkhaltige Staub hat sich während den Eiszeiten hier abgelagert", erläutert Enrico De Gennaro. Der Leiter des Römermuseums Güglingen beschäftigt sich auch mit der Ur- und Frühgeschichte der Region und genau das führt ihn immer wieder nach Böckingen.

Eiszeit, das klingt nach riesigen Herden von Mammuts, Neandertalern und naja, vor allem nach Kälte, eisiger Kälte. „Die durchschnittliche Jahrestemperatur war schon niedriger als heute, so im Mittel war es fünf bis 13 Grad kälter", bestätigt Enrico De Gennaro und vergleicht es mit der russischen Eismeerküste. Im Eiszeitalter erfuhr die Heilbronner Landschaft ihre endgültige Prägung. „Während der Kaltzeiten lag Heilbronn im sog. Periglazial", erläutern die Autoren der *Denkmaltopographie Baden-Württemberg* im Band über den Stadtkreis Heilbronn. Das bedeutet, die Region war nicht von einem Eispanzer bedeckt, sondern es herrschte ein kaltes, eher trockenes Klima, aufgrund der geringen Vegetation Mammutsteppe genannt. Die bekannteste Ablagerung dieser Zeit ist nun eben der Löss, der sich durch Abrieb beim Gerölltransport in Flusstälern oder infolge von Frostverwitterung auf großen, vegetationsarmen Schotterfeldern bildete und dann durch orkanartige Stürme vor allem aus südwestlicher Richtung angeweht wurde. „In der Mammutsteppe des Heilbronner Raums lagerte er sich im Windschatten der Höhenzüge oder in den Niederungen ab", heißt es weiter. „Die höchsten Lössmächtigkeiten werden westlich des Neckars im Stadtteil Böckingen mit über 16m und südlich

Enrico De Gennaro zeigt mit einer Replik eines Schädels aus Steinheim an der Murr, wie die Menschen, die auch in Heilbronn ihr Lager aufschlugen, ausgesehen haben.

von Heilbronn beim Anstieg zur Fleiner Höhe mit etwa 20m erreicht."

Eiszeittechnisch sind wir im Ziegeleipark also genau richtig. Wobei das Spannendste nicht der Löss ist, aber dazu später mehr. Enrico De Gennaro zeigt auf die drei verschiedenfarbigen Bänder, die sich die Wand entlang ziehen. Das unterste stammt aus der Risskaltzeit, das war so etwa vor 280.000 bis 130.000 Jahren. Das rotbraune Band darüber deutet auf einen beginnenden Bodenbildungsprozess in der Warmzeit hin. „Die hielt aber leider nur rund 20.000 Jahre." Nur ist bei diesen zeitlichen Dimensionen ein sehr relativer Begriff. Damals war es denn auch deutlich wärmer als jetzt, in Bad Cannstatt habe man sogar Überreste von Flusspferden im Neckar gefunden. Die oberste Schicht entstand schließlich in der Würm-Eiszeit zwischen 110.000 bis 10.000 Jahre vor heute. „Danach begannen die Gletscher zu schmelzen und diese Erwärmung hält bis heute an."

Die klar erkennbaren Schichten an der Lösswand zeugen von zwei verschiedenen Eiszeiten.

Der heute so idyllische Park, in dessen Mitte die Wand steht, war hier allerdings nicht immer: Früher wurde die Fläche als Lehmgrube einer Ziegelei genutzt. Ab 1872 wurden auf dem Gelände industriell Ziegel hergestellt und dafür der Löss abgetragen. Oben angefangen, gruben sich die Arbeiter über Jahrzehnte immer weiter nach unten und fanden längst nicht nur Löss, sondern auch so manches Relikt aus uralter Zeit. Dazu gehören auch Mammutfunde aus der letzten Eiszeit. „Der Wasserreichtum in der Heilbronner Ebene sorgte für viel Wild und wo das Wild war, waren auch die Menschen", erläutert der Historiker. Übrigens waren die Mammuts mit einer Schulterhöhe von 2,60 Meter bis 3,20 Meter gar nicht so riesig, wie man immer denkt.

Für Enrico De Gennaro sind diese tierischen Zeugnisse allerdings nur die Spitze des Eisbergs, denn: „Wir können hier dreimal menschliche Anwesenheit nachweisen", meint er begeistert. Gefunden wurden sie 1953 und vor 1962. „Später nicht mehr, weil dann mit Maschinen und nicht mehr von Hand abgebaut wurde."

Die Hinweise auf die ältesten Heilbronner wurden ungefähr auf heutiger Bodenhöhe entdeckt, stammen also aus dem Beginn der Risseiszeit. Holzkohleflitter weisen die Reste einer Feuerstelle nach, außerdem wurden Werkzeuge aus dieser Epoche gefunden. „In der mittleren Altsteinzeit benutzte der frühe Urmensch noch einfache Geröllgeräte, einfach einen Stein mit scharfer Schneidekante, der als Allzweckgerät diente." Vor etwa 300.000 Jahren änderte sich das, der Mensch überlegte genauer, was er mit welchem Werkzeug tun möchte, etwa das Fell seiner Beute abziehen. „Genau so etwas wurde hier gefunden, der älteste Nachweis menschlicher Existenz in Heilbronn ist also rund 280.000 Jahre alt", erklärt der Museumsleiter. Aus dem Ende der Risseiszeit stammen die zweiten Funde: gebrannter Lehm und Holzkohleflitter einer Feuerstelle. Dazu kamen noch Werkzeuge aus der Würm-Eiszeit, genauer dem Aurignacien, was etwa vor 40.000 bis 15.000 Jahren war. „Besonders interessant ist auch das Material, denn die Werkzeuge bestehen größtenteils aus Jurahornstein von der Schwäbischen Alb, der vermutlich über Flüsse angespült und dann von den Menschen gefunden wurde." Was wiederum zeige, dass unsere Vorfahren ihre einmal gefertigten Werkzeuge mit sich nahmen.

Seit 1982 wird in Böckingen kein Löss mehr abgebaut. Die Stadt erwarb das Gelände bei einer Zwangsversteigerung und entschied sich, hier keine Wohnungen zu bauen, sondern den Ziegeleipark anzulegen, der seit 1995 nicht nur die Böckinger erfreut. Kein Wunder, schließlich fühlen sich Menschen hier schon seit 280.000 Jahren pudelwohl!

So geht's zur Lösswand:

Den Parkplatz am Ende der Heuchelberger Straße am hinteren Ende Richtung Park verlassen. Die Lösswand befindet sich geradeaus über die Wiesen in Laufrichtung. GPS: 49.133794, 9.182466.

Am ehemaligen Milchhof findet sich mit den Kindern mit Milchfläschchen ein Hinweis auf die alte Kindermilchküche.

30

Milchfläschchen

Für das Leben der Kinder

Steinerne Verzierungen an Häusern sind an sich nichts Ungewöhnliches. Gesichter, Tiere, Blumen, Engel oder Ornamente finden sich an vielen älteren Gebäuden. Doch so etwas wie an dem aktuell lilafarbenen Gebäude an der Frankfurter Straße ist dann wohl doch eher selten: An den Ecken sind kleine Kinder mit Milchfläschchen zu sehen und das liegt nur indirekt daran, dass es sich bei dem Gebäude um den Alten Milchhof der Stadt handelt.

„Ich finde es wichtig, das Augenmerk auf solche kleinen Dinge zu richten", meint Stadtführerin Petra Heinzelmann und blickt fasziniert auf die Darstellung hoch oben über ihrem Kopf. „Gerade in der Bahnhofsvorstadt sind das kleine Perlen", findet sie. Auch, weil das Gebäude als eines der wenigen in diesem Stadtteil nicht durch die Luftangriffe im Zweiten Weltkrieg zerstört wurde. Und damit auch die Kinder samt ihren Milchfläschchen erhalten blieben. „Hier war früher die städtische Kindermilchküche untergebracht", lüftet Petra Heinzelmann das Geheimnis.

Kindermilchküche? Nie gehört? Früher war dieser Begriff durchaus ein gängiger. „Den Kindern, die nicht oder nicht mehr von ihren Müttern selbst gestillt werden konnten, sollte als Ernährungsgrundlage eine absolut einwandfreie Kuhmilch gesichert werden", erläuterte Stadtarzt Dr. Ludwig Heuss (1881-1932), der älteste Bruder des ersten Bundespräsidenten Theodor Heuss (1884-1963), in seinem Aufsatz *Die städtische Kindermilchküche*.

Der Frauenverein Heilbronn hatte die Einrichtung 1912 in der Sülmerstraße 64 und im Kirchhöfle 1 gegründet, als erkannt worden war, dass es einen engen Zusammenhang zwischen Säuglingsernährung und Säuglingssterblichkeit gibt. Unter der Leitung ausgebildeter Schwestern wurden Vollmilch oder auch bereits Nährmischungen an die Eltern der Säuglinge abgegeben. Nach dem Ersten Weltkrieg (1914-1918) begann eine enge Zusammenarbeit zwischen dem Verein und dem Stadtarzt, sodass die Kinder, solange sie von hier ihre Nahrung bekamen, auch ärztlich überwacht wurden. Ergänzend richtete Heuss in den Räumlichkeiten Mütterberatungsstunden ein. Jetzt bekamen kranke Kinder Heilnahrung nach ärztlichem Rezept. „Diese Maßnahmen führten schon während des Jahres 1919 zu einem starken Aufschwung der Milchküche", berichtet Heuss in seinem Artikel aus dem Jahr 1928. Bezogen im Januar noch 55 Kinder ihre Nahrung von dort, waren es im Dezember bereits 300. Ab dem 1. September 1920 ging die Verwaltung der Milchküche im Zusammenhang mit der Übernahme der Säuglingsfürsorge des Frauenvereins durch die Stadtarztstelle an die Stadt über. „In der Folge haben sich die höchst segensreichen Einrichtungen bei den Heilbronner Müttern tief verwurzelt", schreibt Heuss 1928 und meint damit sowohl die Kindermilchküche als auch die Mütterberatungsstunden und die ärztliche

„Diese Maßnahmen führten schon während des Jahres 1919 zu einem starken Aufschwung der Milchküche."

Überwachung der Kinder. An zwei Nachmittagen pro Woche kamen um die 45 Mütter zur Beratung und es wurden im Schnitt 400 Kinder versorgt. Die Kindermilchküche belieferte auch die Olgakrippe und die Kinderheilanstalt Ebenezer.

Das alles passierte noch in der Sülmerstraße. Parallel dazu entwickelte sich auch das Milchgeschäft weiter. Am 1. Juli 1924 gründete die Stadt gemeinsam mit dem Milchhandel die Milchversorgung Heilbronn GmbH. Als Ersatz für die 1922 eingerichtete städtische Milchzentrale in der Wilhelmstraße 9a, errichtete Stadtbaumeister Georg Scherer (1874-1944) für das Unternehmen den neuen Milchhof, der am 21. Februar 1926 in Betrieb genommen wurde und damals zu den modernsten Anlagen dieser Art in Deutschland zählte. Das ist jetzt unser lilafarbenes Gebäude. Weil die Kindermilchküche ja nun bereits in städtischer Hand war und die direkte Nähe zur angelieferten Milch absolut Sinn machte, wurden hier auch extra Räume für sie geschaffen. Und den passenden Bauschmuck gab es mit den Milchfläschchen obendrauf.

Petra Heinzelmann ist es wichtig, das Augenmerk auf die kleinen Merkmale ihrer Heimatstadt zu legen.

Hier entwickelte sich die Einrichtung für die Säuglinge und Kleinkinder noch besser. Schlachthofdirektor Dr. Feeser beschreibt den großen Erfolg der Kindermilchküche in seinem Aufsatz *Der städtische Milchhof* wie folgt: „In Heilbronn ist die Säuglingssterblichkeitsrate seit 1922, dem ersten Betriebsjahr der alten Milchzentrale im Wilhelmsbau, von 11,2 auf 4,4 Prozent zurück gegangen, ein hocherfreuliches Ergebnis, zu dem der städtische Milchhof zweifellos erheblich beigetragen hat." Ausgegeben wurde die pasteurisierte Vorzugsmilch aus größeren Stallungen, die unter tierärztlicher Kontrolle standen, nach der Reinigung durch Wattefilter in mit Pappscheiben verschlossenen Glasfläschchen à 200 Milliliter.

Doch so lange blieb die Kindermilchküche nicht hier an der Frankfurter Straße. Nach der Eröffnung einer Frauenmilchsammelstelle – hier wurde also tatsächlich Muttermilch gesammelt – am 1. Dezember 1943 zog die Kindermilchküche gemeinsam mit dieser auf das Krankenhausgelände an der Paulinenstraße und wurde fortan als der Krankenhausverwaltung unterstellte städtische Einrichtung geführt. Die Zerstörung in der Bombennacht am 4. Dezember 1944 unterbrach die Tätigkeit, die am 16. Februar 1946 am städtischen Schlachthof, schräg gegenüber vom Milchhof, wieder aufgenommen werden konnte. Ab Mitte März 1956 waren dann sowohl die Kindermilchküche als auch die Frauenmilchsammelstelle im Krankenhaus an der Jägerhausstraße untergebracht. „Keimfreie Milch und genau nach Rezept zubereitete Heilnahrung, die nach Besserung allmählich auf Normalnahrung umgestellt wird, wird auch heute noch von der Kindermilchküche ausgegeben", ist in einem Artikel des *Neckar-Echo* vom 24. Oktober 1962 zu lesen. 50 bis 60 Kindernahrungssäuglinge, im Sommer sogar 80 bis 90, wurden so versorgt. Die Schoppen konnten entweder selbst abgeholt oder über den Milchhändler bezogen werden. Nur wenige Tage nach Erscheinen des Artikels zog die Kindermilchküche in den damaligen Neubau der Kinderklinik am Gesundbrunnen. Dort gibt es auch heute noch zwei solche Einrichtungen, allerdings nur noch für die stationären kleinen Patienten. Kleine Kinder mit Milchfläschchen in den Händen sind am dortigen Gebäude allerdings nicht zu finden und genau deswegen lohnt es sich für Petra Heinzelmann, nach solchen Kleinigkeiten Ausschau zu halten.

So geht's zu den Milchfläschchen:

Die Milchfläschchen befinden sich an den Gebäudeecken zur Straße hin an der Frankfurter Straße 75.

Peter Schmelzle würde nur zu gern einmal einen Blick in den Luftschutzraum werfen, doch der ist nicht mehr öffentlich zugänglich.

Luftschächte

Rettung unter Tage

Sie sehen aus wie Sitzgelegenheiten. Quadratisch gemauert, drei Löcher in jeder Wand, obendrauf eine Abdeckung aus Metall. Gut, es gibt designtechnisch sicher schönere Exemplare, aber sie erfüllen ihren Zweck für jeden, der hier im alten Industriegebiet ein paar Sonnenstrahlen tanken möchte. Doch Peter Schmelzle weiß: „Das sind keine Sitzgelegenheiten, ihre Bedeutung liegt viel tiefer.“ Und das ist in dem Fall sehr wörtlich zu verstehen.

Der Industrieplatz ist eine kleine, grüne, dreieckige Insel mitten im Straßengewirr. Er entstand bereits Anfang der 1920er-Jahre, als die Stadt Heilbronn das Industriegebiet Kleinäulein auswies und kurz darauf den Kiosk mit Doppelfunktion (siehe Geheimnis 26) baute. Vor jenem sitzt an diesem Nachmittag eine ältere Dame, knabbert an einem Süßstückchen und lauscht Peter Schmelzles Ausführungen. „Ich bin hier gegenüber aufgewachsen und immer, wenn Alarm war, ist meine

Mutter gleich mit mir hierher gerannt", meldet sie sich zu Wort und verursacht bei ihren Zuhörern für einen kurzen Moment Gänsehaut. Sie und Hunderte andere haben sich hierhin geflüchtet, um der Bombardierung im Zweiten Weltkrieg zu entkommen. Nicht etwa zu dem Kiosk, der hätte nicht geholfen, sondern es ging für sie in die Tiefe – unter dem Platz ist ein öffentlicher Luftschutzraum.

Luftschutz spielte in der Politik der Nationalsozialisten schon 1933 eine große Rolle, schreiben Walter Hirschmann und Susanne Schlösser in ihrem Aufsatz *Ein Denkmal wird wiederentdeckt: Die Öffnung des General-Wever-Turms auf der Theresienwiese zum Tag des offenen Denkmals 2000*. „Mit Kriegsbeginn im September 1939 wurde der private Wohnungsbau generell verboten, um alle verfügbaren Kapazitäten auf die Schaffung privater und öffentlicher Luftschutzräume zu konzentrieren." Im Oktober 1940 wurde sogar ein „Führer-Sofortprogramm" zur Errichtung von bombensicheren Luftschutzbauten verkündet. Der weitere Plan bestand darin, bestehende Keller, sowohl privat als auch öffentlich, zu verstärken und mit Ausstiegen, Notaborten und Ähnlichem auszurüsten.

Genehmigungen für neue Luftschutzbunker erfolgten nach Einschätzung der örtlichen Verhältnisse. Heilbronn galt als nicht besonders luftgefährdet, außerdem verfügte die Stadt der Beurteilung nach über zahlreiche sichere Keller, weswegen nur drei Bunker neu gebaut wurden: der General-Wever-Turm auf der Theresienwiese, eine Rettungsstelle unter dem Kaiser-Friedrich-Platz – auf dem sich heute ein Spielplatz befindet – und der Schutzraum unter dem Industrieplatz.

Am 28. März 1940 reichte der Architekt Fritz Schneider (1883-1958) ein entsprechendes Baugesuch beim städtischen Planungsamt ein. „Für mich ganz spannend ist, dass der hier ganz in der Nähe aufgewachsen ist, sein Vater und sein Onkel betrieben in der Salzstraße ein Baugeschäft und haben etliche Gebäude in der Umgebung errichtet", berichtet Peter Schmelzle, der als ehrenamtlicher Lotse im Stadtarchiv arbeitet. „Der Bunker war für die Mitarbeiter der Betriebe in der Umgebung, aber auch für die Anwohner gedacht." Ausgelegt war er für 400 Personen. Auf alten Plänen zeigt er den Aufbau. Im Untergrund befindet sich nicht etwa ein großer Raum, sondern vielmehr folgt ein Röhrensystem dem triangulären Grundriss des Platzes. Alle paar Meter sind Türen, um die einzelnen Abschnitte im Notfall luftdicht absperren zu können und die Sauerstoffversorgung zu sichern. Da kommen nun auch endlich unsere vermeintlichen Sitzgelegenheiten ins Spiel: Sie sind nichts anderes als Luftschächte! Auf denen unsere ältere Dame nun Platz nehmen und an süßen Stückchen knabbern kann, nachdem sie Jahrzehnte zuvor in Panik hierher floh und die Treppen in den Bunker hinunter hastete, die sich links und rechts des Kioskgebäudes befinden. Es gibt sie immer noch: Im ersten Untergeschoss liegen die Toilettenanlagen für Gäste, der Bunker liegt eine Etage tiefer. Die eine Treppe ist heute vollkommen verschlossen, die andere führt nur noch bis zu den stillen Örtchen. Die Zugangstüre existiert zwar, allerdings läuft der Bunker regelmäßig mit Grundwasser voll, es gibt auch keine Notausgänge mehr, keinen Strom und damit keine Beleuchtung, weswegen der Luftschutzraum 1999 aus der Zivilschutzbindung entlassen wurde und seitdem dauerhaft verschlossen ist. Auch der in den Plänen verzeichnete dritte Treppenabgang in der Nordwestecke des Platzes ist nicht mehr vorhanden.

Ende 1944 standen in Heilbronn und den Stadtteilen mit über 75.000 Einwohnern 55 öffentliche Schutzräume, die meisten davon Keller, und etwa 15 Rettungsstellen für etwa 11.000 Menschen zur Verfügung. Bei der Bombardierung am 4. Dezember 1944 sollten sich die Keller in der Innenstadt als tödliche Falle entpuppen. „In manchen Fällen waren entscheidende Fluchtwege nicht fertiggestellt. Außerdem sorgte der überirdische Feuersturm dafür, dass in den Kellern der Sauerstoff knapp wurde“, beschreiben Janis Dietz und Agnes Hilger die Situation in ihrem Artikel *Das Tunnelsystem von Heilbronn*. Tausende starben. Die ältere Dame suchte damals mit ihrer Mutter wieder Schutz unter dem außerhalb gelegenen Industrieplatz – und überlebte. „Wir haben sehr viel Glück gehabt.“

So geht’s zu den Luftschächten:

Die Luftschächte stehen auf der Freifläche am Industrieplatz hinter dem Kiosk.

Das Eingangsportal des Hauptflügels muss nachträglich verändert worden sein, denn Wappen und Jahreszahl passen nicht zusammen.

Eingangsportal

Bild und Zahl passen hier nicht zusammen

Da stimmt doch irgendwas nicht. Der Sandstein ist oben viel dunkler als der darunter. Gut, wer wirft schon einen Blick auf das Drumherum der Eingangstür, wenn er aufs Bürgeramt geht, um sich Müllmarken zu holen oder einen Pass zu beantragen? Aber Kirchhausen hat halt auch nicht irgendein Bürgeramt. Es befindet sich nämlich im Deutschordensschloss und deswegen lohnt es sich, mal kurz innezuhalten und nicht einfach nur reinzugehen. Dann fällt auf – da stimmt doch irgendwas nicht an diesem Portal.

„Da denkt sich niemand was dabei, aber es passt überhaupt nicht zusammen", meint auch Nicolai Knauer. Der Burgenforscher hat sich intensiv mit dem Deutschordensschloss beschäftigt. Direkt über der Tür steht auf einem Schlussstein die Zahl 1749. Darüber als Aufsatz ist das Wappen von Heinrich von Bobenhausen, dem Erbauer des Prachtbaus, zu erkennen. Der lebte allerdings von 1514 bis 1595, also viel früher als die eingemeißelte Jahreszahl vermuten lässt. Wie kann das sein?

Heinrich von Bobenhausen trat 1544 in den Deutschen Orden ein, fungierte, wie es Nicolai Knauer in der gemeinsam mit Joachim Hennze verfassten Broschüre zur Geschichte des Schlosses formuliert, von 1550 an als Komtur der Kommende Frankfurt, so wurden die Verwaltungsbezirke des Ordens genannt, wurde dann Landkomtur der Ordensprovinz Franken und bekleidete ab 1572 als Hoch- und Deutschmeister das höchste Amt des Ritterbundes. Bis auf einen Hof besaß der Deutsche Orden zu dieser Zeit alles in Kirchhausen. Der Ort gehörte als Unterkommende zur Kommende Gundelsheim. Auf der dortigen Burg Horneck hatte der Deutsche Orden seinen Hauptsitz. „Das hatte sich nach dem Bauernkrieg erledigt, als die Bauern fast alle Besitztümer des Ordens in unserer Region zerstörten", erklärt Nicolai Knauer. Kirchhausen hatte sich nicht an dem Krieg beteiligt. „Böse Zungen sagen, sie hätten das Rundschreiben von Jäcklein Rohrbach nicht lesen können", meint der Bauforscher schmunzelnd. Das stimme aber nicht, es habe durchaus einen Schriftwechsel mit dem Anführer aus Böckingen gegeben, in dem er unter anderem drohte: „Wenn ihr nicht kommt, komme ich und erwürge alle eure Kindlein." Die Kirchhausener widerstanden aber und nach Knauers Einschätzung könnte diese Treue ein Grund dafür gewesen sein, warum Heinrich von Bobenhausen ausgerechnet hier eine Wasserburg zu einem Schloss umbaute.

Um etwa 1580 war der Herrschaftssitz fertig gebaut. „Bis auf die großen Fenster ist alles noch original und von außen ist es eines der am besten erhaltenen Renaissanceschlösser weit und breit", freut sich der Kirchhausener. Und seufzt direkt: „Nur innen wurde in den 1960er-Jahren leider alles entkernt und niemand hat Fotos vom Originalzustand gemacht." Von Bobenhausen verewigte sich mit seinem Familienwappen, einem Fuchs mit einer Gans im Maul, kombiniert mit dem Wappen des Deutschen Ordens, über dem Eingang zum Hauptflügel. Direkt darüber befindet sich sogar ein Abbild von ihm mit dem für diese Zeit typischen Stehkragen.

Es blieb nicht lange ruhig in Kirchhausen. Die Reformation breitete sich auch im Unterland aus. Konrad Knipping, der Komtur des Ordens in Heilbronn, konvertierte und plünderte das Schloss des plötzlichen Feindes. „Er floh dann zum Pfalzgrafen", berichtet Knauer. Bobenhausen bekam selbst ebenfalls zunehmend Konkurrenz. Um 1590 wurde ihm Maximilian III. (1558-1618), der Bruder von Kaiser Rudolf II. (1552-1612), als Co-Adjutator, quasi ein Aufpasser, zur Seite gestellt, der ihn letztlich ganz verdrängte. „Meine These ist, dass Bobenhausen irgendwas gemacht haben muss, was dem Kaiser nicht gefiel, vielleicht hat er ja auch mit der neuen Konfession geliebäugelt." Maximilian wurde der neue Hochmeister und die Habsburger übernahmen den Deutschen Orden. Nach der Zerstörung von Burg Horneck hatte der seinen Sitz nach Bad Mergentheim verlegt. „Bis dahin war das Zentrum des Ordens hier in der Gegend, doch die Habsburger zogen die Zentrale nach Wien um und damit lief hier in der Region nicht mehr allzu viel", stellt Knauer fest. Klar, dem Hochadel war egal, was im kleinen Kirchhausen passierte.

Trotzdem, noch gehörte das Schloss dem Orden. In der Mitte des 18. Jahrhunderts entschied sich die Obrigkeit, den Prachtbau im Stil der Zeit umzubauen. Von außen ist davon nur die Veränderung des Portals im Barockstil zu sehen. „Unten ist der Sandstein wesentlich heller als der im oberen Tympanon mit dem Wappen", weist der Kirchhausener auf den direkt sichtbaren Unterschied hin. Man könne davon ausgehen, dass es vorher ein Rundportal gewesen sei, das dann zu seiner jetzigen Form umgestaltet wurde. Trotzdem integrierte der neue Bauherr den älteren Wappenstein seines Vorgängers, Heinrich von Bobenhausen, und setzte logischerweise auch einen Schlussstein mit der Jahreszahl 1749. Und plötzlich passt dann doch wieder alles zusammen.

So geht's zum Eingangsportal:

Der Eingang zum Bürgeramt Kirchhausen befindet sich im Schlosshof, Schloßplatz 2 in Kirchhausen.

NACH DER ÜBERLIEFERUNG LEBTE EINST
DER STÄRKSTE WEIT UND BREIT, MIT
NUR DEM MÄCHTIGSTEN HERRN WOLLTE
GROSSEN KÖNIGS, BIS ER ERKANNTE, DASS
ZU SUCHEN. ER TRAF IHN IN DER
IN SEINEN DIENST GENOMMEN. DOCH
UMWEGE MACHTE, WENN EIN KREUZ AM
DEN GEKREUZIGTEN CHRISTUS ALS DEN
EINEN EINSIEDLER AM FLUSS FRAGTE ER
SO WIRST DU IHN FINDEN", LAUTETE DIE
DIE DES WEGES KAMEN UND ÜBER DEN
UND DAS ANDERE UFER. VIELE JAHRE LANG.
GEBRACHT WERDEN. OFFERUS NAHM ES
SEINEN GROSSEN STAB. DURCH DIE
JEDOCH IN DAS WASSER SCHRITT, JE
SCHWERER, SO DASS ER ES FAST NICHT
TRAGEN ZU MÜSSEN! „KIND, DU BIST SO
ER UND DAS KIND ANTWORTETE: „DU
OFFERUS UNTER DAS WASSER, TAUFTE
DAS HEISST CHRISTUSTRÄGER. DEN
NEBEN SEINER HÜTTE IN DIE ERDE, UND
ÜBER NACHT ZU GRÜNEN UND ZU BLÜHEN.
SO IST CHRISTOPHORUS DAS SINNBILD
NACH DEM GROSSEN SUCHT. ER WIRD
WO EINER ZUM CHRISTUSTRÄGER WIRD,

Wetzrillen

Zeugnis mittelalterlicher Bräuche

Barbara Rall muss fast ein bisschen lachen. „Ausgerechnet über das, worüber man am wenigsten weiß, soll eine Geschichte geschrieben werden.“ Immerhin gibt es über den Westturm der Heilbronner Kilianskirche sogar eine ganze Doktorarbeit und auch über das restliche Gotteshaus wurde schon jede Menge verfasst. Nur diese komischen Einkerbungen rechts neben dem Südportal, die geben noch immer Rätsel auf.

Zunächst einmal fallen die gleichförmigen Rillen und die kleinen punktuellen Näpfchen kaum auf, befindet sich der Stein doch nur knapp über dem Boden und darüber hängt eine große Tafel. Die erklärt jedoch nicht, was es mit den seltsamen Einkerbungen auf sich hat, sondern erläutert die von Jürgen Goertz 1988 geschaffene Christophorus-Skulptur am Treppenaufgang.

Barbara Rall hat sich schon mehrfach mit den merkwürdigen Rillen beschäftigt. Dabei handelt es sich um sogenannte Wetzrillen, Wetzmarker, Schleifrillen oder auch Teufelskrallen. „Man sagte, der Teufel hat aus Wut über den Kirchbau als Haus Gottes daran seine Krallen gewetzt“, zitiert die langjährige Kirchenführerin eine der Legenden, die sich um solche Relikte ranken. Dagegen spricht alleine schon, dass solche Rillen bereits auf vorgeschichtlichen Denkmälern aus der Steinzeit auftauchen – also lange bevor sich der Fürst der Finsternis am Bau gottgeweihter Monumente hätte stören können. Da wird gemutmaßt, dass sie durch das Schleifen von Steinäxten entstanden sind. In Ägypten finden sich derartige, ebenfalls immer senkrecht angeordnete Rillen zum Beispiel an den Tempeln in Edfu und Luxor. Die jüngeren Rillen im europäischen Bereich wurden an mittelalterlichen Friedhofsmauern, Kirchenporta-

„Man sagte, der Teufel hat aus Wut über den Kirchbau als Haus Gottes daran seine Krallen gewetzt.“

Barbara Rall kennt die vielen Geschichten rund um die mysteriösen Wetzrillen.

len, Burgtoren oder Sühnekreuzen ausgemacht – zumeist im Außenbereich und in Bodennähe wie bei dem Exemplar an der Heilbronner Kilianskirche.

Barbara Rall hat noch zahlreiche weitere Erklärungen für diese Einkerbungen gefunden, eindeutig belegt ist aber keine davon. Eine These beschreibt das symbolische Ritual des Frieden-Gebietens: Da bis zum Ausgang des Mittelalters jeder einfache Mann außerhalb seiner eigenen vier Wände eine Seitenwaffe trug, galt dies natürlich ebenfalls für den Besuch des Gottesdienstes. Im Kirchenraum aber war Gottes Friede geboten, also fuhr der Waffenträger vorm Betreten der Kirche mit der Klinge durch eine solche Rille zum Zeichen, dass für diesen Ort und diese Zeit seine Wehr stumpf sein sollte. Das würde allerdings nicht erklären, warum es solche Rillen etwa auch an Stadtmauern, zum Beispiel in Nürnberg, gibt, oder wie bereits erwähnt in Ägypten.

Unter der großen Tafel zur Christophorus-Skulptur fallen die Wetzrillen kaum auf.

In einer weiteren These geht es um den geweihten Stein selbst. Generell galt Steinmehl im Mittelalter als Heilmittel und Schutz gegen die unterschiedlichsten Krankheiten. Für noch wirksamer hielten die Menschen den Steinstaub aus einer Kirchenmauer, und so haben sie sich wohl immer wieder bedient, bis diese Rillen entstanden. Oder aber, so eine weitere Überlegung, das Steinpulver wurde als Reliquie des Kirchenheiligen herausgekratzt. Es könnte aber auch sein, dass nach Hochzeiten Mitglieder beider Familien Kerben als Glücksbringer in die Kirchenmauer schlugen.

Wesentlich pragmatischer ist die Idee, dass der Stein genutzt wurde, um Feuer zu entfachen. So wurden zur Entzündung des Osterfeuers durch rotierende Holzscheiben Funken geschlagen. „Das Feuer sollte aus Stein gerieben werden wie Christus, das Licht der Welt, aus dem steinernen Grab hervor ging“, hat die Kirchenführerin gelesen.

Und damit das Feuer auch heilig ist, wurde dafür gern ein Stein der geweihten Kirche genutzt. Ostern ist aber ja nur einmal im Jahr, wie sind dann die vielen Rillen zu erklären, wenn für jede einzelne hunderte oder gar tausende Kratzvorgänge erforderlich sind? In seinem Aufsatz *Die rätselhaften Rillen* hat sich Georg Steffel akribisch mit den Wetzrillen auseinandergesetzt. Er schreibt: „Es muss einen konkreten Grund geben, weshalb die Rillen in der Nähe von Türen und Toren entstanden sind." Und noch dazu eben an Gebäuden, in denen viele Menschen zusammentrafen. „In allen Fällen wird das Bedürfnis bestanden haben, beim Verlassen der Gebäude nach Eintritt der Dunkelheit Licht zu machen, eine Laterne zu entzünden oder etwa eine Tabakspfeife in Brand zu setzen." Der nötige Funke wäre dann durch das Schlagen von Steinringen am Stein entstanden.

Ganz unterschiedlich sind auch die Erklärungsversuche für die runden Einkerbungen, kleine Näpfe zwischen den Rillen. Zum Beispiel könnten dort Speere, Pfeil- und Hellebardenspitzen durch Drehen gespitzt worden sein. Das findet Barbara Rall recht logisch. „Mein Opa hat meinen Schulgriffel immer an seinem Wetzstein geschliffen, das waren immer die Besten." Möglich wären aber auch Bußübungen, bei denen die Sünder die Fingernägel in der Kuhle so lange drehten, bis es ordentlich schmerzte. „Diese Bräuche gerieten wohl im 16., 17. Jahrhundert in Vergessenheit, waren aber vorher so banal und gewöhnlich, dass niemand es für nötig hielt, etwas darüber aufzuschreiben", tippt sie. Wenn dem so ist, hätten unsere Vorfahren sich wohl nicht in ihren kühnsten Träumen ausdenken können, dass etwas für sie ganz alltägliches einmal die Forscher vor ein absolutes Rätsel stellt.

So geht's zu den Wetzrillen:

Die Wetzrillen befinden sich rechts neben dem Südeingang zur Kilianskirche auf Seite der Kirchbrunnenstraße unterhalb der Tafel zur Christophorus-Skulptur.

Silvia Fiedel hat viele gute Erinnerungen an das Projekt „SozialeNord-Stadt“ und den darin enthaltenen Poesiepfad.

34

Poesiepfad

Walk of Fame in der Nordstadt

Achte auf deine Gedanken Sie sind der Anfang der Taten – Aus China ist vor der Johann-Jakob-Widmann-Schule gegenüber der Sichererstraße 48 zu lesen. *Das Leben ist kurz aber ein Lächeln ist nur die Mühe einer Sekunde – Aus Kuba* wiederum vor der Paulinenstraße 18, Ecke Sichererstraße. Diese Weisheiten stehen auf in den Gehweg eingelassenen Platten in der Heilbronner Nordstadt. Wer hier aufmerksam seines Weges geht, der erhält schöne, zum Nachdenken anregende Botschaften aus aller Welt. Wie kommt's?

Schon seit 1974 fördern das Land Baden-Württemberg und der Bund die städtebauliche Erneuerung. Heilbronn nutzte das Förderprogramm zuerst nach und nach für die alten Ortskerne in den Stadtteilen, ging dann in die Innenstadt über. „Städte befinden sich ja ständig im Wandel, auftretende Problemlagen sollten da möglichst schnell erkannt und ihnen entgegengewirkt werden", meint Silvia Fiedel, die jahrelang beim Liegenschaftsamt im Bereich Stadterneuerung gearbeitet hat. Im Juni 2002 wurde die Nordstadt als Sanierungsgebiet in das Bund-Land-Förderprogramm „Stadtteile mit besonderem Entwicklungsbedarf – Die Soziale Stadt" aufgenommen. Hier drohten laut Fiedel Segregationsprozesse, also eine Verteilung der Bewohner aufgrund ihrer Herkunft oder ihres Einkommens. Es begannen die üblichen Informationsveranstaltungen, um die Anwohner mit ins Boot zu bekommen. „Die Bürger in diesem Gebiet hatten damals schon zu 70 Prozent einen Migrationshintergrund", erinnert sich Silvia Fiedel. Die rund 5000 Nordstadtbewohner kamen aus 27 Nationen. Schnell merkten Fiedel und ihre Mitstreiter, dass sie mit dem investiven Konzept diese Heilbronner nicht erreichten, wollten aber auf jeden Fall, dass sich alle an der Neugestaltung ihres Viertels beteiligten. „Wir dachten uns, wir probieren mal was ganz anderes, nutzen Kunst und Kultur als Medium, um an die Menschen heranzutreten, denn wir gingen davon aus, dass sie sich beteiligen wollen, schließlich tut das ja auch gut, wenn jemand Wertschätzung für seinen Einsatz bekommt."

Sie sollten Recht behalten. Niederschwellige Kunst- und Kulturangebote im öffentlichen Raum lockten die Bürger an und riefen über alle Vorbehalte hinweg große Aufmerksamkeit und Mitwirkungsbereitschaft hervor. „Das Problem ist aber, dass wir ja nach acht Jahren am Ende des Projekts gehen. Damals gab es auch noch keine Quartierszentren, wie sie inzwischen aufgebaut werden, die den erfolgreichen Prozess hätten weiter tragen können." So wurde zum Beispiel ein Quartiersgarten aufgebaut, es gab ein Fotoprojekt mit Jugendlichen, Künstler ließen sich bei der Arbeit über die Schulter schauen und animierten zum Mitmachen. Doch es musste noch irgendwas her, was die Bewohner für immer verbindet, ins Gespräch bringt. Die Idee zum Poesiepfad, angelehnt an den Walk of Fame in Hollywood, war geboren. Über Flyer wurden die Menschen aufgerufen, Vorschläge für Sprüche zum Thema Liebe und Begegnung einzureichen. Die Initiatoren waren überwältigt. Über 180 Weisheiten aus sämtlichen Kulturkreisen flatterten ihnen ins Haus. „Was mich so beeindruckt hat, ist, dass sie letztlich alle dasselbe aussagen, es nur anders ausgedrückt wird“, erinnert sich die ehemalige städtische Mitarbeiterin. Während die Sprüche aus dem deutschsprachigen Raum eher rational, mit Betonung auf der schönen Sprache seien, seien die aus Afrika zum Beispiel sehr bildhaft und aus dem Leben gegriffen. Letztlich wolle doch jeder in Frieden und Freiheit leben und dass es ihm und seiner Familie gut geht, bilanziert Silvia Fiedel. „Die Sprüche sollen zeigen, was echtes Menschsein ausmacht, miteinander statt gegeneinander leben“, formulierte es damals Schirmherr Pfarrer Ulrich Koring.

In Arbeitsgruppen mit den Bewohnern wurden insgesamt 80 aus den über 180 Sprüchen ausgewählt und gemeinsam die Standorte für jeden festgelegt. Ursprünglich hatten sich Fiedel und ihre Mitstreiter überlegt, die Weisheiten an Stelen zu befestigen, doch der damalige Baubürgermeister Winfried Hajek fand das langweilig und schlug Platten im Gehweg vor, der im Zuge der Aufwertung des Stadtviertels mit einem ockerfarbenen Pflaster versehen worden war. Eine Firma in Leingarten ward gefunden, die zunächst die Buchstaben aus speziellem silbergrau-gefärbten Cortenstahl, farblich passend zu den Pflasterrinnen, goss. Die 47 mal 47 Zentimeter großen Platten selbst bestehen aus mit Metalloxydpigmenten gefärbtem Hochleistungsbeton und wiegen 25 Kilogramm, jedes ein Einzelstück. „Beim Gießen der ersten Platte mit dem Spruch *All you need is love* waren auch viele dabei“, erzählt Silvia Fiedel. Das war 2009. Weitere zwei Jahre lang verteilte sie noch alle zwei Wochen einen Flyer an alle Haushalte, in dem eine Weisheit aufgegriffen und ein Anwohner vorgestellt wurde. Und so kam die Nordstadt zu ihrem eigenen Walk of Fame, dem unverständlicherweise kaum Beachtung geschenkt wird. *Leg ein Ohr auf den Erdboden, dann ist das andere für den Himmel offen – Aus Afrika.*

So geht’s zum Poesiepfad:

Die Platten sind ab dem Quartiersgarten Dammstraße 32 über die Damm- und Sichererstraße beidseitig auf dem Gehweg verteilt.

Helga Schillinger hat sich intensiv mit dem Tympanon an der Albankirche beschäftigt.

35

Tympanon

Foltermethoden direkt am Kirchenportal

Es ist nicht mal mehr der Haupteingang. Kein Wunder also, dass kaum jemand auf die Schmuckfläche über dem Südportal der evangelischen Albankirche in Frankenbach achtet. Dabei zeugt das sogenannte Tympanon von gar schrecklichen Zeiten, in denen Folter an der Tagesordnung war.

Drei Köpfe, die für drei der vielen Opfer dieser Zeit stehen, sind zu erkennen. Der linke, ein Mann mit Bart, hat einen Pfahl im Mund. Diese Abbildung stellt eine im Dreißigjährigen Krieg (1618-1648) übliche Foltermethode dar, den sogenannten Schwedentrunk. Dafür wurde den Opfern der Mund gewaltsam aufgesperrt und dann Jauche oder Wasser, oft vermischt mit Urin, Kot und Schmutzwasser über einen Eimer oder Trichter direkt eingeflößt. Neben Ekel und Abscheu und der Möglichkeit bakterieller Infektionen verursachte der Schwedentrunk auch Erstickungsängste sowie starke Magen- und Bauchschmerzen. Die Jauche verätzte die Speiseröhre und nicht selten kam es durch das Eindringen von Fremdstoffen über die Luftröhre zu einer tödlichen Lungenentzündung.

Dem mittleren Frauenkopf wurden die Ohren aufgeschlitzt und mit Pfriemen durchbohrt. „Diese Frau wurde wohl hochschwanger in den Neckar getrieben, was wir aus dem Sterberegister rekonstruiert haben", erzählt Helga Schillinger von der Interessengemeinschaft Heimatgeschichte Frankenbach. Das sei zwar nicht sicher, aber sehr wahrscheinlich, erläutert die Heimatforscherin. Der Eintrag im Totenbuch von 1638 als Nachtrag lautet: Salome, Michael Haas: Weib, 42 Jahre alt, von 2 Soldaten in den Neckar gesprengt, mit großem Leib, darauf gen Obereisesheim geschlept und elentlich gestorben.

Die rechte Abbildung zeigt einen Kopf, der in eine Kuhhaut mit Hörnern eingenäht ist. „Auch das war eine beliebte Foltermethode, mit der Kuhhaut wurden sie meistens auch noch ins Wasser geworfen", sagt Helga Schillinger. Wer genau hinsieht, erkennt, dass unter den Köpfen etwas weggeschlagen wurde. „Es gibt noch eine ganz alte Fotografie, auf der zu sehen ist, dass sich da Bänder befanden, auf denen vermutlich die Namen der Opfer eingraviert waren." Der rechte soll demnach Hans Treuninger gewesen sein, der linke Schultheiß Jakob Wendel. Dazu steht in der Beschreibung des Oberamts Heilbronn von 1865: „1634 brachte die Schlacht bei Nördlingen die siegenden Kaiserlichen nach Heilbronn und Umgegend, wo sie unmenschlich hauseten. Auch in Frankenbach wurden die Einwohner mißhandelt, geplündert und zum Theil zu Tode gemartert, worüber noch der Denkstein an der Kirche Zeugniß gibt." Schillinger und ihre Mitstreiter haben dazu eine weitere Erläuterung in der Oberamtsbeschreibung von 1903 gefunden. „Wendel Jakob Schultheiß, am 6. Oktober 1634 allhie von den Soldaten übel umgebracht und am 8. Oktober begraben worden. Hans Treuninger ist am 25. Oktober des Jahres 1634 von zwei Soldaten in den Neckar bei Obereisesheim gesprengt, dann wieder herausgezogen, in eine Haut genäht, nah Frankenbach geschleppt und daselbst elendiglich gestorben."

Der Ursprung der Albankirche geht weiter zurück. 1496 wurde hier erstmals eine Kapelle erwähnt, an der gleichen Stelle, wo sich wohl auch mal eine kleiner römischer Tempel befunden hat, was nach dem

Fund einer Münze und der Nähe zum ehemaligen römischen Gutshof ganz gut passen würde, vermutet Helga Schillinger. 1521 wurde die nun selbständige Pfarrkirche auf St. Alban geweiht, 1590 der heutige Bau mit einem Langschiff errichtet und der alte Turm auf 25 Meter erhöht. 1864 gestaltete der sehr gefragte Heilbronner Architekt Albert Barth (1814-1885) das Innere im Renaissancestil um und setzte auch den Anbau dran. Dabei entstand dann das heutige Südportal im spätgotischen Stil mit der Jahreszahl 1590 als Erinnerung an die ursprüngliche Errichtung der Kirche sowie das darüber befindliche Tympanon als Schmuck im Renaissancestil. Rechts und links sind jeweils eine Säule und dazwischen drei Wappen angelegt. Das in der Mitte stellt eine Lutherrose dar, das rechte das alte Frankenbacher Wappen mit Pflugschar und Pflugmesser und das linke nochmals das Wappen mit einem zusätzlichen Stab.

Oberhalb der gruseligen Köpfe wird es pragmatischer. Eine kleine Sonnenuhr mit der Zahl 1718, wie Helga Schillinger findet, in etwas laienhafter Ausführung, zeigt mehr oder weniger verlässlich die Uhrzeit an. „So etwas haben wohl die meisten Kirchen aus dieser Zeit.“ Denn vermutlich hatte der Turm damals nur zwei Zifferblätter, eine Richtung Ort und eine Richtung Felder für die Bauern. Doch natürlich fiel die auch gern mal aus und dann wurden sie mithilfe der Sonnenuhr wieder neu gestellt. Und ganz oben schließt eine Tafel zu Ehren von Steinmetz Martin Schwartz, dem Baumeister des Kirchturms, den Aufsatz des Kirchenportals ab. Das ist dann doch wesentlich weniger gruselig.

So geht's zum Tympanon:

Die Albankirche mit dem Tympanon über dem Südportal steht in der Kirchgasse 8 in Frankenbach.

unserer
Konditorei

Wirtstafel

In den Gasthäusern spielte das Leben

Diese Steintafel fristet ein trauriges Dasein: Tagtäglich gehen hunderte Menschen an ihr vorbei, ohne sie auch nur eines Blickes zu würdigen. Nach der Tafel gefragt, überlegt die Angestellte des Cafés direkt daneben: „Ich hab‘ mir die noch nie so genau angeschaut, aber sie erinnert doch an den Bau des Käthchenhofs, oder?“

Falsch, wie die weitere Recherche ergibt: Schließlich wurde der Büro- und Geschäftshauskomplex mit Einkaufspassage am Heilbronner Marktplatz erst 1986 eröffnet – die Tafel ist jedoch deutlich älter. Auf ihr ist zu lesen: *Das Haus stehet in Gottes Handt – Zür Rosen würt es genand – Durch Georg Sebastian Falck erbauet war in dem 1647 Iar.* Es ist ein Andenken an die bewegte Festgeschichte der Käthchenstadt. „Heilbronn spielte damals und auch später noch als Handelsstadt und touristisches Highlight eine große Rolle“, erzählt Stadtführerin Annette Geisler. Drei renommierte Gasthäuser, quasi die drei ersten Häuser der Stadt, die heute alle nicht mehr stehen, bildeten das Zentrum des gesellschaftlichen Lebens: Der Falken am Marktplatz (an ihn erinnert die heutige Falkenstraße), die Sonne in der Sülmerstraße (Namensgeber für die am ehemaligen Standort abzweigende Sonnengasse) und das 1647 erbaute Gasthaus zur Rose, an dem die Tafel einst hing und nach dem die angrenzende Rosengasse benannt ist.

Der Begründer der Rose war Georg Sebastian Falck (+1683), der auch mal kurze Zeit den Falken übernahm und dessen Name an diesem Gasthaus hängen blieb. Deswegen ist über der Gründungstafel auch noch sein Wappen oder vielmehr Hauszeichen, ein entsprechender Vogel, zu sehen. In der Rose nahmen sich viele bekannte Leute ein Zimmer, unter anderem Daniel Christian Friedrich Schubart (1739-1791), ein deutscher Dichter, Organist, Komponist und Journalist, der im 18. Jahrhundert besonders durch seine scharf formulierten sozialkritischen Schriften auffiel. „Er war ein Württemberger Querkopf, der

Prost: Annette Geisler erhebt das Glas auf die florierende Gasthaustradition Heilbronns.

für seine Schriften auch im Gefängnis auf der Festung Hohenasperg landete“, erklärt die Stadtführerin. Nach seiner Entlassung suchte er Zuflucht in der Reichsstadt Heilbronn und nahm sich für mehrere Wochen ein Zimmer in der Rose.

Aber hier fanden noch größere Ereignisse statt, teilweise mit politischem Bezug. Vom 18. September 1814 bis zum 9. Juni 1815 tagte der Wiener Kongress, um nach der Niederlage Napoleon Bonapartes (1769-1821) in den Koalitionskriegen Europa neu zu ordnen. Natürlich fand das Ganze, wie der Name schon sagte, in Wien statt. Doch im März floh Napoleon von der Insel Elba, dem Ort seiner Verbannung. „Aus strategischen Gründen verlegten die Verantwortlichen deswegen den Abschluss des Kongresses nach Heilbronn“, erläutert Annette Geisler. Der oberste Heerführer der verbündeten Streitkräfte gegen Napoleon, Karl Philipp Fürst zu Schwarzenberg (1771-1820) nächtigte in der Sonne, Kaiser Franz von Österreich (1768-1835) im königlichen Palais vor dem Sülmertor. „Umschwärmt von der Damenwelt, wie es heißt“, fügt die ehemalige Mitarbeiterin des Heilbronner Stadtarchivs schmunzelnd hinzu. Im Adler in der Fleiner Straße stieg Graf Josef Wenzel Radetzky von Radetz (1766-1858) ab, den Namen kennt man von dem nach ihm benannten Marsch. Dieser bedeutende Heerführer Österreichs gab einen riesigen Ball in der Rose – der Adler wäre zu klein gewesen – natürlich – mit echtem Wiener Walzer! „Die Gasthäuser hatten damals Festsäle, im Falken hat zum Beispiel mal Johann Strauß Vater gastiert, da sollen zweitausend Leute dicht an dicht gestanden haben.“ Auch Franz Liszt (1811-1886) hat dort gespielt, ebenfalls umschwärmt. „Das gesellschaftliche Leben spielte sich damals in den Gasthäusern ab“, erklärt die Bibliothekarin. Vor allem in der Faschingszeit fanden große Maskenbälle statt, die den Menschen halfen, die doch eher langweilige Winterzeit zu überbrü-

Die Tafel erinnert an eine Zeit voller Feste in den Gasthäusern der Stadt.

cken. Auch gastierte über den Winter regelmäßig eine Wanderbühne in Heilbronn, um die Bürgerinnen und Bürger zu unterhalten.

Der Falken war bis Anfang des 19. Jahrhunderts auch die Posthalterei, wo die Postkutschen ihren Halt einlegten. „Heilbronn hatte zu Reichsstadtzeiten einen eigenen gedruckten Kalender mit den wichtigsten Festen, Märkten, den Namen der Bürgermeister und Ratsmitglieder und eben auch den Postzeiten", erläutert Annette Geisler. Nach einem Pferdewechsel ging es von hier aus weiter nach Bietigheim zum Grünen Baum. Natürlich profitierte auch das Gasthaus davon, denn in der Zwischenzeit kehrten die Passagiere dort ein, um zu essen. So eine Reise von Sinsheim nach Stuttgart beispielsweise dauerte damals eineinhalb Tage. „Nach einer Nacht in Heilbronn sind die Reisenden im Sommer um sechs Uhr morgens von dort weitergefahren und waren um 17 Uhr in Stuttgart."

Die Heilbronner hatten ein Händchen dafür, ihren Vorteil aus Geschehnissen zu ziehen. „Während der französischen Revolution ab 1789 sind aus Frankreich und den Grenzgebieten zunächst die Wohlhabenden nach Heilbronn geflüchtet", erklärt Annette Geisler. Viele von ihnen buchten sich in den Gasthäusern wie der Rose ein und weil sie dachten, der Spuk ist sicher schnell vorbei, gaben sie ihr Geld mit vollen Händen aus. „Die Gastwirte wurden damals wirklich sehr reich", stellt die Stadtführerin fest. Als die Revolution aber länger dauerte und die Flüchtlinge ärmer wurden, habe es eine Verordnung gegeben, dass sie sich nur noch zehn Tage in der Stadt aufhalten durften.

Das Geld floss also in Strömen und der damalige Gastwirt der Rose, Georg Bube, wurde gar so reich, dass er gemeinsam mit zwei anderen zum Mitbegründer einer Aktiengesellschaft zum Ausbau der Saline Ludwigshall im damals hessischen Wimpfen wurde. Es war also ein wirklich gutes Zeitalter für Gastwirte. Vom damaligen Flair ist letztlich nur noch die Tafel geblieben.

So geht's zur Wirtstafel:

Die Tafel hängt am Eingang zum Käthchenhof, vom Marktplatz her.

Thomas Böhringer und die wertvolle Madonnenfigur, die nicht so ganz in das eher schlichte Gotteshaus passen will.

Madonna

Streit um St. Cornelius und Cyprian

Eine Madonnenfigur in einer katholischen Kirche ist nun wirklich nichts Ungewöhnliches. Doch die Statue in der katholischen, dieser Zusatz ist in diesem Zusammenhang wichtig, Kirche St. Cornelius und Cyprian in der Weirachstraße in Biberach hat eine im wahrsten Sinne des Wortes bewegte Geschichte hinter sich. Gleichzeitig steht sie auch symbolisch für eine Epoche, in der noch niemand etwas von Ökumene hören wollte, sich vielmehr evangelische und katholische Christen mitunter spinnefeind waren.

Es war eine Zeit, in der sich reiche Menschen oder Städte mal eben ganze Dörfer kauften. Im Jahr 1407 erwarb die freie Reichsstadt Wimpfen das damals bitterarme Biberach. Die den Heiligen Cornelius und Cyprian geweihte Kirche wurde 1496 das erste Mal erwähnt und gehörte zum Bistum Worms, wurde auch vom Wormser Dompropst finanziert und unterhalten. Das ist jedoch nicht der Vorgänger der oben genannten katholischen Kirche, sondern vielmehr der evangelischen Kirche St. Cornelius und Cyprian. Ja, Biberach hat heute zwei Kirchen, die den gleichen Namen tragen. Doch zu dieser Verwirrung kommt es erst wesentlich später. Als 1585/86 in Wimpfen die Reformation Einzug hielt, mussten auch die Biberacher evangelisch werden, so auch eben jene Pfarrkirche. „Bis auf den Deutschhof, der blieb katholisch, das ist für später noch wichtig“, erläutert Thomas Böhringer, Mitglied des Interessenkreises Heimatgeschichte Biberach.

Nach dem Dreißigjährigen Krieg (1618-1648) war Wimpfen hoch verschuldet und verkaufte das Dorf deswegen an den Generalmajor Thomas von Klug. Jener von Klug war zwar katholisch, ließ den evangelischen Biberachern – nach dem Krieg waren von 600 gerade mal 150 übrig geblieben – aber ihre Konfession. Nach dessen Tod 1681 ging der Ort an den Deutschorden, der schnell wieder Katholiken ansiedelte, was wegen des Deutschhofs problemlos möglich war. Die Kirche aber, die war ja immer noch evangelisch. „1685 ließ der Deutschorden dort einfach katholische Gottesdienste abhalten und bestimmte kurzerhand, dass das Gotteshaus jetzt beiden gehört“, erzählt der Heimatforscher. Natürlich gab es wegen der parallelen Nutzung ständig Reibereien, erst recht, weil die Katholiken nun Heiligenbilder und weitere Symbole ihrer Konfession aufhängten. „Das ging so weit, dass es in Aufzeichnungen heißt, dass bei der Beerdigung des sehr resoluten evangelischen Pfarrers Sicherer 1722 die Katholiken so laut jubelten, dass keine würdige Beerdigung möglich war.“

Jetzt kommt die Marienstatue ins Spiel, die bis heute als eine der schönsten Madonnen im Unterland gilt. Die Mondsichelmadonna, so heißt sie, weil sie auf einer Mondsichel mit Gesicht als Zeichen der Unterstützung im Kampf gegen die Osmanen steht, wurde Ende des 15. Jahrhunderts nach Ulmer Schule geschnitzt. Der Deutschorden verfrachtete das wertvolle Stück über Nacht in die Kirche und schuf damit quasi einen Marienaltar. Es kam zu Streitereien, die sogar das Reichskammergericht beschäftigten. „Dessen Urteil lautete, dass es, bis eine katholische Kirche gebaut ist, eine Simultankirche bleibt, die Madonna aber nur zur Messe an Sonntagen aufgestellt werden darf“, erzählt Böhringer.

Die wertvolle Statue in der Zwischenzeit in der Sakristei aufzubewahren, war den Katholiken aber zu gefährlich, weswegen sie beschlossen, sie jeden Sonntag hin- und herzutragen. „Unter der Woche sollte sie bei der katholischen Familie sein, die am nächsten wohnt." Theoretisch hätte das 150 Jahre lang so gehen müssen, denn erst 1861 bis 1863 konnte sich die katholische Gemeinde eine eigene Kirche leisten. Die Simultankirche wiederum musste 1812 wegen Baufälligkeit bis auf den Turm abgerissen werden und der Neubau wurde erst 1830 fertiggestellt. „Es ist davon auszugehen, dass in diesen 18 Jahren in Biberach keine Messe gefeiert wurde", sagt Böhringer. „Vermutlich hat man die Madonna bei der Familie stehen lassen und sie geriet in Vergessenheit, denn auf den ersten Fotos der 1863 geweihten katholischen Kirche taucht die Madonna zumindest nicht auf."

Erst Anfang des 20. Jahrhunderts entdeckte der damalige Pfarrer die Madonna zufällig wieder und kaufte sie den Verwahrern für drei Mark ab. „Seitdem steht sie wieder, erst in der alten und jetzt auch in der neuen Kirche." Die wurde, nachdem der Erstling von 1863 aus Geldmangel sehr sparsam errichtet worden war und schnell baufällig wurde, bereits 1984 gebaut. Immer noch als St. Cornelius und Cyprian, womit es immer noch zwei Kirchen mit demselben Namen gibt.

Die Existenz zweier eigenständiger Kirchen änderte noch eine ganze Weile nichts am gegenseitigen Missfallen der Konfessionen in Biberach. „Bis in die 1950er-, 60er-Jahre hinein gab es noch religiöse Streitigkeiten", erinnert sich Thomas Böhringer zurück. Nur wenn Not am Mann war, dann half man sich schon und heute ist die Ökumene in Biberach auf beiden Seiten fest verankert. „Als die evangelische Kirche renoviert wurde, haben sie bei uns Gottesdienst gefeiert und umgekehrt, als unsere neu gebaut wurde." Simultankirchen gehen also auch ganz ohne Streitereien.

So geht's zur Madonna:

Sie steht in der katholischen St. Cornelius und Cyprian Kirche links neben dem Altar. Die Kirche steht in der Weirachstraße.

Weingärtner Martin Heinrich wirkt winzig neben der riesigen Baumkelter.

Baumkelter

Ein Ungetüm mit schmackhafter Geschichte

Es ist ein wahres Monstrum. Allein der große Pressenbaum aus zwei roh zugehauenen Eichenstämmen wiegt 7,5 Tonnen! Kein Wunder, bei einer Länge von 13 Metern und einem Durchmesser von 80 Zentimetern. Zum Schutz vor Vandalismus steht das Ungetüm hinter Gittern unter einem großen Dach am Fuße des Wartbergs und wartet auf Besucher. Besucher, die sich für die Geschichte des Weinbaus in Heilbronn interessieren. Dabei stammt die historische Baumkelter gar nicht aus der ältesten Weinbaustadt Württembergs, sondern vom Bodensee.

Martin Heinrich ist Weingärtner. Sein Vater Adolf Heinrich ist mit dafür verantwortlich, dass die Baumkelter seit 1993 unweit des eigenen Betriebs ihren Platz gefunden hat. „Der große Balken ist der

Hebel für die Spindel, das Eigengewicht drückt auf die Trauben und presst sie“, erläutert er die Funktionsweise. Drei bis vier Stunden wurden benötigt, um eine Ladung in der zwei Mal zwei Meter großen Holzwanne zu pressen. Heute kaum vorstellbar, doch zur damaligen Zeit war das schon ein enormer Fortschritt.

Wuchtige Baumkeltern wurden in Württemberg etwa ab dem 13. Jahrhundert eingesetzt. Überwiegend, so schreibt Richard Hachenberger in einem Aufsatz über die Heilbronner Baumkelter, seien diese mit an Sicherheit grenzender Wahrscheinlichkeit allerdings im Besitz der Obrigkeit gewesen. Die Kelterangehörigen hatten dort ihre Trauben abzuliefern und zu pressen. Nur in freien Reichsstädten wie Heilbronn (bis 1803) durften auch freie Bürger und Weingärtner ihre eigenen Keltergeräte besitzen, was dann meist kleinere Baumkeltern oder flexiblere Spindelpressen waren. Heilbronns Ehrenbürger Theodor Heuss (1884-1963) schrieb 1905 in seiner Dissertation *Weinbau und Weingärtnerstand in Heilbronn a. Neckar* von rund 170 Keltern innerhalb der Mauern Heilbronns im Jahr 1556. Nachdem die Stadt ins Herzogtum Württemberg eingegliedert worden war, gründete sich 1835 ein Weingärtnerverein. Die könnten laut Hachenberger dann auch eine größere Baumkelter angeschafft haben. So stand vor der 1875 erstellten Stadtkelter an der heutigen Gymnasiumstraße ein Exemplar, das 1922 von der früheren Herrschaftskelter der Grafen von Neipperg in Schwaigern nach Heilbronn kam. Diese verbrannte allerdings beim Luftangriff am 4. Dezember 1944. Die Weinstadt war also baumkelterlos.

Siebeneinhalb Tonnen Holz machen die alte Baumkelter zu einem wahren Giganten der Weinbaugeschichte.

Friedrich Johann Gräter (1882-1970), ehemaliger Direktor der Weinbauschule in Weinsberg, berichtete Otto Haag (1906-1991), damaliger Ehrenpräsident des Weinbauverbands Württemberg, im Sommer 1958, dass in Markdorf am Bodensee eine alte Torkel, ein im südbadischen üblicher Begriff für eine Baumkelter beziehungsweise Presse, angeboten werde. Die sei zu schade zum Wegwerfen, zitiert Hachenberger aus den handgeschriebenen Darstellungen Haags. Der Weinbauverband Württemberg-Baden möge sie doch für das Weinbaumuseum in Heilbronn erwerben. Das Problem: Es gab in Heilbronn noch gar kein Weinbaumuseum. Der Gemeinderat hatte die Einrichtung desselben zwar schon 1923/24 beschlossen, verwirklicht worden war dies aber nie. Haag: „Nun waren wir damals noch ein recht bescheidener Verband und auch die Stadt Heilbronn wollte kein Geld locker machen." Trotzdem reiste Haag mit dem Stadtbaumeister an den Bodensee und befand, dass es tatsächlich ein einmaliges Stück war, beheimatet im Kelterhaus eines ehemaligen Klosters. Besonders vor allem, weil der Pressbaum tatsächlich ein einzelner Stamm und nicht, wie so oft, zusammengestückelt war. Datiert ist die Heilig-Geist-Torkel auf das Jahr 1561, später ausgewechselte Teile auf 1716. Das Eichenholz wurde allerdings schon Mitte des 13. Jahrhunderts gefällt.

Letztlich kaufte der Weinbauverband die Torkel für 1.100 Mark, schenkte sie der Stadt, die wiederum den Abbau und den Transport per Eisenbahn übernahm.

Dann passierte erstmal lange Zeit nichts. In den Jahren 1984/95 versuchte Haag, das Thema Weinbaumuseum wieder in Gang zu bringen. Weil die Stadt abwinkte, fing er gemeinsam mit Selbstvermarktern, dem damaligen Stadtrat Adolf Heinrich und Hermann Schneider als Aufsichtsrat der Genossenschaftskellerei Heilbronn-Erlenbach-Weinsberg (WG) an, weitere Exponate zu suchen, zu sammeln und zu reinigen, so dass im Juli 1990 tatsächlich die erste Weinbauausstellung im ehemaligen Milchhofgebäude an der Frankfurter Straße eröffnet werden konnte. „Gleichzeitig reifte die Idee, am Wartberg einen Weinbau-Informationspfad zu erstellen", schreibt Adolf Heinrich in seinen Erinnerungen. Schon ein Jahr später, am 29. Juli 1991, wurde der Wein-Panoramaweg eröffnet. Ohne Baumkelter.

Die vermoderte im wahrsten Sinne des Wortes seit dem Transport in Einzelteile zerlegt zunächst in einer Ecke des städtischen Bauhofs und landete in den 1980er-Jahren bei der Genossenschaftskellerei. Durch die jahrelange unsachgemäße Lagerung im Freien faulten bereits viele Holzteile. Adolf Heinrich konnte das nicht länger mit ansehen. 1987 startete er einen Spendenaufruf unter dem Titel „Rettet die Baumkelter". Mit Erfolg. Erst wurde ein detailliertes Modell in Auftrag gegeben, dann konnte die Sanierung in Angriff genommen werden. „Meinem Vater war es unheimlich wichtig, dass nicht verloren geht, wie die Wengerter früher händisch gearbeitet haben", erzählt Martin Heinrich, der sich selbst als stellvertretender Vorsitzender im Verkehrsverein engagiert, der wiederum für Pflege und Unterhalt des Wein-Panoramawegs zuständig ist.

Das Technische Hilfswerk war einen Tag damit beschäftigt, die teils tonnenschweren eichenen Balken und Stämme vom Lager der WG zum Montageplatz zu schaffen. Zimmermeister Max Meyer (1930-2020) setzte das Puzzle wieder zusammen, wobei er zehn Kubikmeter Holz ersetzen musste. Dadurch sollte es bis 1993 dauern, bis die Sanierung beendet werden konnte. Fehlte nur noch der passende Platz. Acht mögliche Standorte wurden damals diskutiert, doch am Ende einigten sich Gemeinderat und weitere Verantwortliche auf das Regenrückhaltebecken an der Riedstraße, weil es dort auch einen Zugang zum Wein-Panoramaweg gibt. Oberbürgermeister Manfred Weinmann (1934-2013) setzte die Spindel der Baumkelter im Herbst 1995 das erste Mal gemeinsam mit Adolf Heinrich in Bewegung. „Seitdem ist sie der Startpunkt für den Info-Weg", erläutert dessen Sohn Martin. Viele Jahre wurden auf ihr im Herbst beim offiziellen Weinleseauftakt feierlich Trauben gepresst. Auch der erste Heilbronner Bürgerwein konnte noch auf der historischen Rarität gekeltert werden. „Aber sie ächzt und stöhnt, ist einfach in die Jahre gekommen, deswegen nehmen wir inzwischen die andere." Direkt daneben steht nämlich quasi der kleine Bruder von 1857. Die große Baumkelter ist nach rund 500 Jahren im Ruhestand und wie jeder Rentner freut sie sich über regelmäßigen Besuch.

So geht's zur Baumkelter:

Die Baumkelter steht schräg gegenüber oberhalb vom Haus Riedstraße 21/1 beim Regenrückhaltebecken.

Nur noch dieses Relief erinnert an die medizinische Geschichte des Areals.

Relief

Rettung vor der Cholera

Das technische Schulzentrum an der Paulinenstraße ist durchaus vielseitig. Hier können junge Menschen das Abitur, eine Ausbildung in den Bereichen Bau- oder Drucktechnik oder auch ihren Meister als KFZler machen. Nur im medizinischen Bereich findet sich so gar nichts. Warum aber ist dann am Gebäude H ein altes Relief angebracht, das unter anderem einen Mann zeigt, der einen Äskulapstab in der Hand hält, das Symbol der Ärzte und Apotheker? Die Antwort weist tief in die Vergangenheit. Bevor hier gelernt und gelehrt wurde, widmeten sich an diesem Ort Mediziner der Versorgung von Kranken.

„Der Heilbronner Rat stiftete bereits 1306 ein Spital an dem Brückentor, wo sich heute die Theodor-Heuss-Brücke befindet", weiß Peter Schmelzle, Mitglied beim Historischen Verein Heilbronn. Wilhelm Steinhilber schreibt in seinem Buch *Das Gesundheitswesen im alten Heilbronn 1281-1871* dazu: „Am St. Georgstag, dem 23. April des Jahres 1306, trat der Rat der Stadt Heilbronn, er nannte sich ‚die burger von dem rat ze Hailprunnen', zusammen und errichtete in feierlicher Weise durch Beschluß vom gleichen Tag [...] ein Spital, das er dem Patronat der heiligen Katharina unterstellte und das an diesem Tag bereits erbaut war [...]." Der Platz so direkt am Neckar war wohlweislich gewählt, konnten hier doch problemlos Abwässer und Fäkalien abgeleitet und Nutzwasser gewonnen werden.

Ja, das Mittelalter war wahrlich keine einfache Zeit. Seuchen waren quasi an der Tagesordnung, allein vom 14. bis zum 17. Jahrhundert sind in Heilbronn zwanzig große Epidemien nachgewiesen, allen voran Pest und Lepra. „Die Leprakranken bekamen ein Stadtverbot. Sie wurden deswegen auch nicht im Katharinenspital versorgt, sondern in eine Leprosensiedlung außerhalb der Stadtmauern beim Sülmertor verwiesen. Warum? Weil hier einst der Pfühlbach entlang floss, der inzwischen schon lange verdolt ist", erläutert Peter Schmelzle. Das Sülmertor befand sich in etwa auf der Höhe des heutigen K3, also nicht weit entfernt vom technischen Schulzentrum. Deutet der Mann mit dem Äskulapstab also darauf hin, dass hier einst Leprakranke behandelt wurden?

Ganz so schnell geht es dann doch nicht, aber wir bewegen uns in die richtige Richtung. Zunächst einmal wurde hier 1666 ein Lazaretthaus errichtet, das bald auch als Armenhaus fungierte und damit Arme und Kranke versorgen sollte. Am 6. Juni 1666 war es bezugsfertig und „damit war das Haus in den Dienst an der Bevölkerung gestellt, den es mit wechselvoller Bestimmung bis zum 4. Dezember 1944 tut", beschreibt Steinhilber. Wechselvolle Bestimmung? Das klingt rätselhaft und wahrlich sollte sich im Laufe dieser knapp drei Jahrhunderte hier noch einiges tun.

Wir machen einen Sprung: Zu Beginn des 19. Jahrhunderts breitete sich die Cholera von Osten kommend in Europa aus. Die Württemberger wollten nicht abwarten, sondern begannen, tatkräftige Abwehrmaßnahmen zu organisieren. Es wurde eine eigene Cholerakommission mit Orts- und Bezirkseinheiten gegründet. In Heilbronn, so schreibt Wilhelm Steinhilber, herrschte ein besonderer Notstand,

„weil die aus dem Mittelalter und der beginnenden Neuzeit stammenden Krankenanstalten (Spital und Lazaretthaus) nicht in der Lage gewesen wären, eine solche Seuche aufzufangen". 1831 entschlossen sich die Stadträte endlich, neben dem Lazarett ein Spital für Cholerakranke zu erbauen. „Aber die Cholera kam nicht, obwohl das Haus dafür da war." Daraufhin wurde das Spital ab 1834 zum Krankenhaus für das Gesinde, Handwerksgesellen und Fabrikarbeiter. Übrigens für beiderlei Geschlecht, nur ledig mussten die Herrschaften sein. „Die Königin Majestät gab die Erlaubnis dazu, das Institut Paulinenspital nennen zu dürfen", schreibt Stadtschultheiß Heinrich Titot (1796-1871) in seiner *Chronik* für das Jahr 1841.

Für kurze Zeit versorgten in Heilbronn mit dem Katharinenspital am Neckar und dem Paulinenspital vor dem Sülmertor also gleich zwei Spitäler die Kranken. Letzteres wurde 1840 sogar um 20 Betten erweitert, aber der Bedarf stieg weiter. Ein neueres, größeres Krankenhaus musste her. Beim mittelalterlichen Katharinenspital war kein Platz, wohl aber auf dem städtischen Gelände an der Paulinenstraße. Im Mai 1867 folgte die Einweihung einer neuen 114-Betten-Einrichtung mit Unterkünften für das Pflegepersonal, die daraufhin das 1870 endgültig geschlossene Katharinenspital als Versorgungshaus ersetzte.

Zur Erinnerung: Ursprünglich hat die Geschichte mal mit einem Relief und einem Äskulapstab angefangen. Das Gebäude H, an dem sich dieses befindet, ist das ehemalige Kesselhaus dieses großen neuen Krankenhauses und der einzige Teil der gesamten Anlage, der in der Bombennacht vom 4. Dezember 1944 nicht zerstört wurde. Eine Versorgung für Kranke wurde anschließend hier nicht mehr errichtet und so sind das nun vom Schulzentrum genutzte Kesselhaus und das Relief die einzigen Relikte, die an die medizinische Geschichte dieses Standorts erinnern.

So geht's zum Relief:

Das Relief befindet sich am Gebäude H des technischen Schulzentrums in der Pestalozzistraße 6 auf der Straßenseite.

Auf der größten freigelegten Fläche sind die hebräischen Schriftzeichen schwer zu entziffern, sollen aber wohl ein Gebet sein.

Hebräische Schriftzeichen

Zufallsfund weckt weltweites Interesse

Auf den ersten Blick wirkt es, als hätte da jemand mit schwarzer Farbe irgendwas an die Wand gekrakelt. Schaut man jedoch genauer hin, werden hebräische Schriftzeichen erkennbar. „Es ist nicht leicht, sie zu entziffern, aber es soll wohl ein Gebet sein“, erläutert Hermann Bader. Der Fotograf hat sie zufällig im zweiten Stock des Turms der Horkheimer Burg gefunden. „Wir hatten einen Wasserschaden und ich hab am Putz gekratzt, da kam der Text zum Vorschein.“ Nicht der einzige, denn hier befand sich von etwa 1737 bis 1832 eine jüdische Synagoge.

Hermann Bader ist einer der drei Besitzer der Horkheimer Burg und zu seinem Teil gehört auch der Turm. Das ganze Ensemble hat eine bewegte Geschichte hinter sich. Im Jahr 1344 wurde die Wasserburg erstmals erwähnt. Ursprünglich Eigentum von Eberhard II. von Württemberg (1315-1392), der sie als Lehen an mehrere Niederadlige aufteilte, veräußerte er sie 1389 an die Heilbronner Komturei des Deutschen Ordens, die sie wiederum 1459 an die Heilbronner Patrizierfamilie Lemlin verkaufte. Diese stellten die Burg 1461 unter die Oberlehensherrschaft der Kurpfalz und kurz darauf wurde es in dem heutigen Heilbronner Stadtteil kompliziert. Denn während das Dorf 1504 an Württemberg ging, blieb die Burg kurpfälzisches Lehen, was direkte Auswirkungen auf die Juden hatte. „Im Dorf wie in ganz Württemberg durften von 1504 bis 1805 keine Juden leben, nur im Ausland, also in der Burg", erklärt Bader. Dort siedelten sich Schutzjuden an, deren Anzahl auf bis zu 90 wuchs, auch wenn sie jedes Mal Zoll zahlen mussten, um ins Dorf zu gelangen. Die jüdischen Bewohner renovierten die alten Gebäude und bauten neue Wohnungen. 1725 ist das erste Mal von einer Synagoge im Burgbereich die Rede. Acht Jahre später bauten sie ein rituelles Bad, eine sogenannte Mikwe, im Schlossgraben und richteten 1737 die Synagoge im Burgturm ein. „Je nachdem, wer Burgherr war, hatten die Juden immer wieder mächtig Ärger", erzählt Bader. Als besonders schwierig erwies sich ab 1748 das Zusammenleben mit Johann Heinrich Buhl von Kurpfalz (1720-1792), der etwa einen Schweinestall neben den Aufgang zur Synagoge baute, den Zugang zum Judenbad abschloss oder auch gern mal die Schlossbrücke vorzeitig hochzog, so dass Rückkehrer in den Burggraben fielen. Die Scherereien führten letztlich dazu, dass 1778/79 acht jüdische Familien ins Schmidberg'sche Schlösschen nach Talheim zogen. Anfang des 19. Jahrhunderts wurde die Burg württembergisches Lehen, ab 1811 ließen sich auch Juden im Dorf nieder. Als die israelitischen Glaubensgemeinschaften in Württemberg neu organisiert wurden, wurde die Gemeinschaft der Horkheimer Juden 1832 eine Filiale von Sontheim, sie gingen dort zur Synagoge und wurden auch dort und nicht mehr in Affaltrach begraben. Das war denn auch das Ende der Synagoge in der Horkheimer Burg.

Doch zurück ins Jetzt. Hermann Bader unterrichtete an unterschiedlichen Hochschulen Fotografie und Grafik, zuletzt in München. Unter anderem war er auch ein halbes Jahr als Grabungsfotograf in Pergamon tätig. Er suchte in seiner alten Heimat einen großen Raum als Atelier. Eigentlich interessierte er sich nur für eines der Wohnhäuser der alten Burg, allerdings bekam man dieses nur mit dem Turm zusammen. „Der war ganz primitiv, da gab es nur ein paar Baudielen", erinnert sich Bader. Doch das Schiefe, Alte gefiel ihm. Über 30 Jahre renovierten Hermann Bader und seine Frau Gabriele Schüz-Bader ihren neuen Besitz, entdeckten dabei viele alte Dinge. „Im Fußboden hab' ich alte jüdische Texte gefunden. Professor Meier Schwarz aus Jerusalem hat mir erklärt, dass, wenn Juden etwas aufgeben, sie es nicht wegwerfen, sondern quasi begraben." Die teilweise von Mäusen zerfressenen Texte hat der Finder sorgfältig abgeheftet. Der Professor aus Israel kam während eines Deutschlandbesuchs nach Horkheim, denn Baders Fund weckte internationales Interesse. Zunächst hatte Bader seine Entdeckung dem Denkmalamt gemeldet, dessen Mitarbeiter weitere kleine Fragmente an den anderen Wänden fanden. Leider war die Tünche, auf der sich die Schrift befindet, sehr labil. Als Notsicherung wurde sie mit Japanpapier geschützt und dokumentiert. Professor Meier Schwarz schaute sich das Ergebnis genau an. „Er meinte, man sollte das alles richten, aber wer soll das zahlen?", fragt Bader. Also wurde erstmal nur untersucht. Der israelische Kunsthistoriker Zvi Orgad schrieb seine Doktorarbeit über den im 18. Jahrhundert bedeutenden Synagogenmaler Eliezer Sussmann. Nach seinem Besuch war er überzeugt, dass die Ausmalung nicht von Sussmann stammt, wie vom Restaurator vermutet worden war. „Das ist aber nicht eindeutig", betont der heutige Besitzer. Im ersten Stock hat Hermann Bader ein kleines Museum mit all seinen Funden eingerichtet. Der Kulturtreff Horkheim veranstaltet hier seit Jahrzehnten zwei bis drei Mal im Jahr Ausstellungen, Konzerte und Lesungen. „Als wir mit dem Renovieren angefangen haben, dachten viele Leute, dass wir spinnen, aber jetzt sind sie, glaub' ich, doch etwas stolz", freut sich Bader.

So geht's zu den hebräischen Schriftzeichen:

Die Burg Horkheim steht in der Schlossgasse 11 in Horkheim. Die Schriftzeichen befinden sich im zweiten Stock des Burgturms.

Die alten Heilbronner Maßeinheiten befinden sich an der Kilianskirche.

Alte Maßeinheiten

Jeder Stadt ihre eigenen Längen

Die wunderschön bepflanzten Blumenkübel entlang der Kaiserstraße fallen eindeutig mehr ins Auge als die metallenen Einlassungen nebst Inschrift auf der Außenwand der dortigen Kilianskirche. Diese befinden sich in Spuckweite vom Rathaus und dem davor gelegenen Marktplatz und das hat seinen guten Grund. Früher mussten die Händler hier das Längenmaß für ihre Waren abnehmen, denn bis ins 19. Jahrhundert hinein existierten keine einheitlichen Maßeinheiten. „Es gab ja 39 Staaten, kein einheitliches Deutschland, und deswegen hatte jeder seine eigenen Zölle, Maße und Gewichte. An einer Vereinheitlichung bestand kein Interesse", erklärt Stadtführer Thomas Bösch.

Hailpronnisch Messrut – Schu und Zoll hi auch der Will die Elen holl ist über den eisernen Einlassungen zu lesen, die hier etwa in der zweiten Hälfte des 15. Jahrhunderts angebracht und 1969 erneuert wurden. Ein Schuh hatte damals eine Länge von 27,72 Zentimetern, eine Elle 61,42 Zentimeter – also ein ziemlich langer Arm – und eine Messrute war 2,865 Meter lang, was zehn württembergischen Fuß entsprach. „Die Händler mussten ihre Ware, also zum Beispiel Tücher, nach diesem Maß verkaufen." Bestand hatten diese laut Bösch auf jeden Fall bis zum Reichsdeputationshauptschluss 1803, nachdem es keine Reichsstädte mehr gab. Dementsprechend verlor auch Heilbronn diesen besonderen Status und war nur noch württembergische Oberamtsstadt, damit also nicht mehr eigenständig, sondern Teil des württembergischen Königreichs.

Seit Ende des 18. Jahrhundert ist die Längeneinheit Meter in Gebrauch, die auf einen Beschluss der französischen Nationalversammlung zurückgeht. Dem ging eine komplizierte Vermessung der Erde, veranlasst 1735 durch die Pariser Akademie der Wissenschaften, voraus. 1793 legte der französische Nationalkonvent das neue Längenmaß fest – ein Meter sollte den zehnmillionsten Teil des Erdquadranten auf dem Meridian von Paris betragen. Ein Prototyp wurde 1795 in Messing gegossen. Zwischen 1792 und 1799 wurde die Länge des Meridianbogens zwischen Dünkirchen und Barcelona erneut vermessen. Das Resultat war der in Platin hergestellte Urmeter, auch wenn der letztlich 0,02 Prozent zu kurz geraten ist. Von Paris aus setzte das metrische System zum Siegeszug um die ganze Welt an. Der Norddeutsche Bund beschloss am 17. August 1868 die Einführung des französischen Metersystems, das im Deutschen Reich am 1. Januar 1872 in Kraft trat. Am 20. Mai 1875 legte die Internationale Meterkonvention das metrische System fest – einer der Unterzeichnerstaaten war das Deutsche Reich. Heute gibt es nur drei Länder auf der Erde,

Stadtführer Thomas Bösch kennt die alten Heilbronner Maßeinheiten noch.

die das metrische System nicht verbindlich eingeführt haben: Liberia, Myanmar und die USA.

Interessanterweise hatte Heilbronn also eigene Maße, nicht aber eigenes Geld. „Da bediente man sich an den Schwäbisch Haller Gulden", verrät der Bad Friedrichshaller. Trotzdem sind die Längen nicht die einzige Art, wie die Stadt ihren eigenen Weg ging. Die berühmte astronomische Uhr am Rathaus deckt sich bei den Sternzeichen und Monaten nicht immer mit der heutigen Zeitrechnung. „Als die gebaut wurde, nutzte man noch den julianischen Kalender, später aber den gregorianischen." Heilbronn stellte im Gegensatz zu anderen erst relativ spät, im 17. Jahrhundert, um. „Damals machte das jede Stadt zu einem anderen Zeitpunkt, weswegen es zeitweise lauter unterschiedliche Zeitrechnungen gab." Mittlerweile hat sich der Versatz auf 13 Tage angehäuft.

„Als die gebaut wurde, nutzte man noch den julianischen Kalender, später aber den gregorianischen. Damals machte das jede Stadt zu einem anderen Zeitpunkt, weswegen es zeitweise lauter unterschiedliche Zeitrechnungen gab."

Außerdem gibt es noch die Heilbronner Sortierung, ein System zur Klassifizierung von Rohholz im Holzhandel. Dieses erhielt seinen Namen von Heilbronn, weil die Holzflößerei hier einst eine große Bedeutung hatte und es damit auch einen großen Holzumschlagsplatz gab. Sortiert wird nach Länge des Stamms und seinem Zopfdurchmesser, also dem Durchmesser des obersten Teils.

So geht's zu den alten Maßeinheiten:

Die Messrut befindet sich an der Wand der Kilianskirche auf der Seite zur Kaiserstraße.

Kornelia Bräuer erinnert sich gut an die alte Uhr, hat sie doch viel Zeit in deren Wiederaufbau investiert.

Uhrwerk

Alte Schmiedekunst, die noch richtig tickt

Dunkel erheben sich Zahnräder, Walzen und Gestänge vor der weißen Wand. Wer das lange Pendel berührt, der setzt das komplexe Gebilde in Gang. Gar nicht so leise beginnt es zu ticken und damit beschleicht den Betrachter eine Ahnung, was sich hinter dem geschmiedeten Werk verbirgt – ist es wohl ein Uhrwerk? Doch was hat ein solches, gänzlich ohne Zifferblatt und der damit verbundenen Zeitverkündung im Erdgeschoss des Bürgeramts in Horkheim zu suchen?

Die Tür ins Bürgeramt ist schwer zu öffnen. Früher wurde eben massiv gebaut, nichts mit Alu und dünnem Glas. Das ehemalige Rathaus der bis zum 1. April 1974 eigenständigen Gemeinde Horkheim reicht in seinem Kern bis ins Mittelalter zurück. 1768 wurde das

Gebäude im Barockstil umgebaut und steht heute unter Denkmalschutz. Dieses Jahr ist auch die Geburtsstunde des Uhrwerks, das damals als Rathausuhr im Turm eingebaut wurde. Alles ohne eine einzige Schraube, handgeschmiedet eigens für diesen Zweck, hebt Kornelia Bräuer, ehemalige Innenarchitektin bei der Stadt Heilbronn, die Besonderheiten hervor. Die Horkheimerin hat eine spezielle Beziehung zu dem alten Metallwerk, war sie doch maßgeblich an dessen Wiederaufbau beteiligt. „Erst dachte ich, wieso ausgerechnet ich, aber es hat sich dann sehr spannend entwickelt und unheimlich viel Spaß gemacht." Das war Anfang der 1990er-Jahre, doch bis die Uhr zu Kornelia Bräuer kam, hatte sie schon einiges hinter sich.

Die Uhr tat über Jahrhunderte tagein, tagaus ihre Arbeit, sekundengenau. Zur halben Stunde schlug sie einmal, zur vollen dann die jeweilige Stundenzahl. „Das ging natürlich die ganze Nacht durch, nicht wie bei den modernen Uhren, bei denen man das nachts abstellen kann", erzählt Adolf Jeuther. Der Horkheimer hat in seinem Arbeitsleben viel Zeit damit verbracht, damit das auch so bleibt. Doch dazu später mehr. Trotzdem wollte das Dorf die Uhr in den 1940ern ersetzen. Was Neues sollte her. Joachim Friedl berichtet dazu am 12. März 1993 in der *Heilbronner Stimme*: „Am 31. Januar 1944 schrieb der Uhrmacher Eisenhart aus Stuttgart an die Gemeinde Horkheim unter anderem folgende Zeilen: Eine neue Motorturmuhr mit Schlagwerk und Stahlklangglocken können wir Ihnen allerdings erst nach dem siegreichen Ende des jetzigen Krieges liefern." Wie das ausging, ist ja weithin bekannt, also behielt Horkheim erstmal seine Uhr. Adolf Jeuther, selbst Jahrgang 1938, erinnert sich noch daran, dass die Uhr nach dem Krieg nicht mehr lief. „Als das Dach neu gemacht wurde, fehlten ein paar Stifte – die schlugen dann einfach einige Nägel rein, schubsten sie an und plötzlich ging sie wieder." Der damalige Bürgermeister Kurt Weller befand, das gute Stück dürfe nicht einfach vor sich hingammeln und suchte flugs einen Uhrmacher, der sie reparierte. „Von da an ging sie einwandfrei", betont Jeuther. Jahrzehnte später sollte das nicht mehr so einfach sein.

Als Adolf Jeuther am 1. November 1966 als Amtsbote und Feldhüter bei der Gemeinde anfing, gehörte unter anderem zu seinen Aufgaben, morgens als erstes die im ganzen Haus verteilten Einzelöfen mit der Ölkanne zu befüllen und anzuwerfen, damit es die Mitarbeiter und der Bürgermeister bei Arbeitsbeginn auch schön warm hatten. Als Amtsbote übernahm er außerdem Botendienste für den Schultes und musste ganz am Anfang noch Bekanntmachungen mit der Amtsschelle ausrufen. „Das hat mich eine Wahnsinnsüberwindung gekostet, aber dadurch hab ich ein ganzes Stück Menschenfurcht abgelegt", erinnert sich der Senior.

Eine weitere wichtige Aufgabe war die Uhr. Jeden Tag musste Adolf Jeuther hoch in den Turm steigen und sie aufziehen. „Ohne das lief sie dreißig Stunden, deswegen bin ich auch oft samstagabends noch spät hin, damit es bis Montag reicht." Ab und zu lockerte sich auch mal ein Stift und fiel herunter, doch der findige Amtsbote hatte einen Mechaniker in Horkheim an der Hand, der ihm neue fertigte, die Jeuther selbst einsetzen konnte. Im Frühjahr und Herbst war es an ihm, sie neu zu justieren, wirkten sich die Temperaturunterschiede doch auf das Metall, damit auch auf das Pendel und somit auf die Genauigkeit der Zeitanzeige aus.

Das alte Uhrwerk würde heute vier Stunden am Stück laufen.

Noch jetzt sind die langen Hanfseile zu sehen, an denen dicke schwere Steine hängen. „Das Gewicht der Uhr ging bis ins Feuerwehrmagazin runter und wenn man sie nicht aufgezogen hat, lag das Gewicht irgendwann auf dem Boden." Heute befindet sich statt des Magazins im Erdgeschoss der Sitzungssaal für den Ortschaftsrat.

Tja und dann wurde Horkheim nach Heilbronn eingemeindet und das bedeutete gleichzeitig das Ende für die historische Uhr. Adolf Jeuther erinnert sich mit Unwillen. „Die haben ein neues Uhrwerk eingesetzt und das alte dummerweise total zerlegt." Das habe ihm richtig wehgetan, vor allem, weil das gute Stück immer noch einwandfrei funktionierte. Sogar die Zahnräder wurden abgesägt und fortan als Wandschmuck im Sitzungssaal verwendet.

Die restlichen Einzelteile verstaubten unbeachtet auf dem Dachboden. Erst 1990 erinnerte sich der Bezirksbeirat an die Antiquität. Laut Zeitungsartikel waren neben Kornelia Bräuer Gustav Lange, der damalige Leiter des Amtes für Straßenverkehr und Umwelt, Stadtamtsinspektor Gerhard Bogumil und Ewald Lutz, Vorsitzender des Bezirksbeirats, beteiligt. Bräuer investierte viel Zeit in das Projekt. Ein Uhrmacher musste gefunden werden, der sie wieder zusammensetzen konnte. „Damals gab es ja noch kein Internet, wo ich mal hätte googeln können, wer eine historische Turmuhr restaurieren kann", sagt Kornelia Bräuer. Stattdessen klemmte sich die Innenarchitektin ans Telefon, rief Uhrmacher an, fragte bei den Kirchen nach und bekam letztlich den Tipp, es beim Deutschen Uhrenmuseum in Furtwangen zu probieren. Doch die hatten auch niemanden mehr an der Hand, wussten aber noch von dem damals schon über 80-jährigen Wolfgang Vanoli aus Radolfzell. „Ein junger Herr aus dem Museum knüpfte den Kontakt und war dann auch mit ihm hier." Bräuer erinnert sich noch genau, wie sie tagelang mit dem Experten gemeinsam auf dem Dachboden herumkrochen, um wirklich alle Teile zusammen zu bekommen, jeden Keil zu finden. Alles konnten sie nicht ausfindig machen, aber der Restaurator nummerierte jedes Stück und nahm es mit in seine Werkstatt. Zwei Jahre, in denen Vanoli laut eigener Aussage eine Art Blutsbrüderschaft mit der Uhr schloss, dauerte es, bis das Uhrwerk wieder funktionierte. „Der hatte sich so gefreut, für ihn war das ein Leckerbissen, die zu rekonstruieren", erzählt Kornelia Bräuer. Damit das Uhrwerk auch mit Pendel und Gewichten aufgestellt werden konnte, wurde ein zusätzliches Gestell gebaut, dass das eigentliche Uhrwerk trägt. Vier Stunden würde sie in diesem Zustand auch heute noch laufen, wenn den aufdringlichen Ticker jemand aufziehen würde.

So geht's zum Uhrwerk:

Das historische Uhrwerk befindet sich im Erdgeschoss im Bürgeramt Horkheim, Schleusenstraße 18.

Steinmetzzeichen

Buchhaltung im Mittelalter

Auf wirklich alten, großen, vor allem öffentlichen und sakralen Gebäuden sind sie überall in ganz Deutschland zu finden, auch in Heilbronn: Kleine Markierungen in den Sandsteinen, Striche, Pfeile, geschwungene Bögen – es gibt unzählige verschiedene Ausführungen. Allein am spätgotischen Chor des Deutschordensmünsters St. Peter und Paul hat Max Georg Mayer, der ehrenamtlich die umfangreiche Kirchenrenovierung 1994/95 begleitete, 27 verschiedene Zeichen gezählt. Doch was hat es mit den Symbolen auf sich?

Das katholische Gotteshaus wurde im Laufe der Jahrhunderte immer wieder erweitert. Seine Ursprünge liegen um das Jahr 1225, als der Deutsche Orden die erste Kirche an dieser Stelle errichtete. Die nächste Bauphase kam dann Mitte des 14. Jahrhunderts und von 1490 bis 1510 wurde schließlich der bestehende Chor im Stil der Spätgotik erweitert. An diesem Teilstück befinden sich nun also die mysteriösen Zeichen, ganz im Gegensatz zum frühgotischen Schiff, an dem nichts zu finden ist.

„Steinmetze haben ihre Steine mit ihrem Zeichen versehen, denn danach sind sie bezahlt worden", erläutert Stadtführerin Bettina Kruck-Hampo. Karl Friedrich schreibt dazu in seinem Buch *Die Steinbearbeitung in ihrer Entwicklung vom 11. bis zum 18. Jahrhundert*: „Der Steinmetz stapelte die gefertigten Quader in der Nähe seines Arbeitsplatzes auf und bei der Steinaufnahme am Zahltagsabschluss erhielten einzelne Steine, vielleicht die ganze oberste Schicht, das Zeichen." Diese Signatur diente aber auch der Qualitätskontrolle: Erwies sich ein Stein beim Einsetzen als schief, konnte der entsprechende Handwerker zur Rechenschaft gezogen werden. Was die Herzensheilbronnerin mit norddeutschen Wurzeln besonders schön daran findet? „Wer das einmal weiß, der findet diese Zeichen wirklich überall, auch ich suche immer in anderen Städten danach."

Natürlich meißelt Bettina Kruck-Hampo hier nicht ihre eigenen Zeichen in die Chormauer von St. Peter und Paul, das bleibt schön den Steinmetzen aus früheren Jahren vorbehalten.

Diese eigentlich simple und doch so effektive Maßnahme hat seinen Ursprung viel früher. Alfred Klemm hat sich in seinem Aufsatz *Die Geschichte der Steinmetzzeichen im allgemeinen und über die Heilbronner insbesondere* intensiv mit der Historie auseinandergesetzt und markiert drei Hauptperioden: die alte Welt mit der Vorherrschaft des Alphabetprinzips, den Kampf zwischen romanischen und germanischem Zeichenprinzip im Mittelalter und schließlich den Sieg der germanischen Version in der neuen Zeit. Begonnen hat demnach alles, als die alte kyklopische Bauart, in der große, unregelmäßige Steine zusammengefügt wurden, durch die zunftmäßigere Steinbearbeitung und Steinzusammenfügung des Quaderbaus ersetzt wurde. Die Entstehungszeit der Steinmetzzeichen datiert er dementsprechend auf die Zeit um 1000 vor Christus. Den Drang dazu, eine gewisse künstlerische Leistung zu markieren, kann Klemm durchaus nachvollziehen.

Natürlich mussten diese „Stempel" unauffällig sein, dementsprechend wäre der ganze Name zu groß gewesen, also begnügten sich die Handwerker zunächst mit einem Anfangsbuchstaben. Um Verwechslungen zu vermeiden, wurden daraus Monogramme, die vielleicht zusätzlich noch mit einem Zeichen mit meist heiligem Bezug, also bei den Christen etwa das Kreuz, verbunden wurden. In der Antike fand sich also im Wesentlichen das alphabetische Prinzip.

Mit solchen Symbolen haben die Steinmetze früher die von ihnen gehauenen Steine markiert.

Ab ins Mittelalter: Die Germanen brachten als schriftloses Volk bereits Zeichen als Eigentumsvermerk an ihren Besitztümern an. „So entstand bei ihnen als erstes Glied in einer weit sich dehnenden Reihe von Bezeichnungen das Haus- oder Hofzeichen", erläutert Alfred Klemm. Als im 11. Jahrhundert der Quaderbau in Deutschland mehr und mehr aufkam, fügten sich zu den alphabetischen Zeichen aus dem Deutschen weitere Zeichen und Marken aus dem Runenvorrat hinzu. Von da an herrschte bei den Steinmetzzeichen ein heilloses Durcheinander vierer verschiedener Strömungen und es musste eine Regelung her. Laut Klemm fiel die

Normierung des Steinmetzzeichenwesens zusammen mit dem Versuch, eine Reichszunft der deutschen Steinmetze zu gründen, die sogenannte Bauhütte. Bis zur Mitte des 15. Jahrhunderts traten die Buchstabenzeichen immer mehr zurück und die Markenzeichen übernahmen, auch weil es dadurch eine unendliche Variationsmöglichkeit gab. Jeder Lehrling einer Bauhütte bekam nach seiner fünfjährigen Ausbildung ein solches Steinmetzzeichen, das er selbst entwerfen durfte und das anschließend nicht mehr geändert werden konnte. Jede Bauhütte hatte einen eigenen Hauptschlüssel, aus dem sich die Steinmetzzeichen ableiten: Die Triangulatur gehörte zu Köln, die Quadratur zu Straßburg, die Wiener nahm den Vierpaß und die Züricher Hütte den Dreipaß. Für die heutige Bauforschung ist das von enormer Bedeutung, kann doch so festgestellt werden, welche Bauhütte an welchen Bauten beteiligt war.

In diese Zeit fällt nun auch die Erweiterung des Chors an St. Peter und Paul. „Das lässt sich allein schon an der Art der Steinmetzzeichen datieren", hebt Bettina Kruck-Hampo hervor. Die Vielzahl an Variationen ist für sie logisch, denn an so einem großen Projekt über so viele Jahre war natürlich nicht nur ein Steinmetz tätig. Der Zerfall Deutschlands im Laufe der Reformation führt schließlich auch zum Ende der Steinmetzzeichen, deren Ende Klemm auf etwa Mitte des 18. Jahrhunderts datiert. „Eine moderne Form davon findet sich heute als Signatur von Künstlern wieder", freut sich die Stadtführerin und verweist auf das Fleischhaus (siehe Geheimnis 11), wo sich die Initialen von Kurt Rücker am oberen Abschluss einer Säule befinden – ein Replikat.

So geht's zu den Steinmetzzeichen:

Besonders viele Steinmetzzeichen befinden sich an der Chorwand von St. Peter und Paul zur Kirchbrunnengasse hin am Durchgang zum Deutschhof bei den Fahrradständern.

Wolko-Eiche

Naturdenkmal mit doppelter Bedeutung

Sie ist ein stattlicher Baum, diese Eiche in Sontheim. Nicht der älteste oder größte Baum der Stadt, aber doch einer der prägnantesten. Das könnte an seiner besonderen Lage auf einem kleinen Hügel inmitten der Wohnbebauung liegen. „Die Eiche steht wie auf einem Hünengrab, trotzt den unnatürlichen Eingriffen der Häuser von hinten und der Tiefgarage von unten“, stellt Stephan Näschen, Baumbeauftragter beim Grünflächenamt der Stadt Heilbronn, fest. Die Eiche ist aber nicht nur stattlich, sie hat sowohl industriegeschichtlich als auch baumpflegerisch einiges erlebt. Ihr Name: Wolko-Eiche. Ihre Besonderheit: Sie ist innen hohl.

Laut Baumkataster der Stadt wurde die Wolko-Eiche 1813 gepflanzt. Was wiederum bedeutet, dass sie eigentlich einen anderen Namen tragen müsste. „1813 gehörte das Gelände noch August Schreiber, eigentlich müsste sie also Schreiber-Eiche heißen“, merkt Annette Geisler, ehemalige Mitarbeiterin des Stadtarchivs, an. Der tatsächliche Namensgeber allerdings ist eine spätere Firma. Doch die Geschichte des Areals geht weiter zurück. Die italienische Kaufmannsfamilie Bianchi hatte sich in Heilbronn einen Namen als Importeur von Feinkost aus ihrem Heimatland gemacht. „Die Einheimischen duldeten die Katholiken allerdings nur zähneknirschend, weil man eben ihre italienischen Waren haben wollte, doch einige alteingesessene Kaufleute machten ihnen das Leben wirklich schwer“, berichtet Geisler. Die Bianchis wohnten neben dem Rathaus im späteren Geburtshaus Robert Mayers (1814-1878), dem berühmtesten Sohn der Stadt. Doch irgendwann war den Bianchis das alles zu viel. Um 1760 erwarben sie eben jenes Gelände am Deinenbach im katholischen Sontheim, zogen dorthin und errichteten eine Tabakfabrik – noch ohne Eiche. Nur hielt sich das Geschäft nicht, die Familie musste Konkurs anmelden und aus dieser Konkursmasse heraus erwarb eben jener August Schreiber (1768-1847) das Gelände. „Das war ein sehr energischer Mensch, der

Stephan Näschen, Baumbeauftragter der Stadt Heilbronn, weiß um die Besonderheit der ausgehöhlten Eiche.

kurz vor 1800 nach Rastatt zum dort tagenden Kongress düste, um die Selbständigkeit der Reichsstadt Heilbronn zu retten, wofür er ein Silberservice als Dank bekam", erzählt die Stadtführerin. Später vertrat der Kaufmann Heilbronn auch als Landtagsabgeordneter. Dieser Schreiber also muss die Eiche gepflanzt haben, in dessen Nähe er auch ein wunderschönes Gartenhaus im frühklassizistischen Stil erbauen ließ.

Als Schreiber 1847 starb, dümpelte das Gelände eine ganze Weile im Besitz der Familie Tscherning vor sich hin, bis es 1891 die jüdischen Familie Salomon Israel (1838-1921) und sein Schwiegersohn Hermann Wolf (1862-1926) übernahmen, um dort Schuhe zu produzieren. Der volle Name des 1889 in Öhringen gegründeten Unternehmens lautete Mech. Schuhfabrik Wolf & Comp., die Marke der Schuhe: Wolko. Das wurde später auch der Firmenname. „Zunächst nutzten sie noch die Wasserkraft vom Deinenbach, später war das eine hochmoderne Fabrik", betont Annette Geisler. Im Jahr 1900 waren 200 Arbeiter bei Wolko angestellt, nur acht Jahre später bereits 800 und als die Fabrik 1927/28 auf Fließbandproduktion umstieg, produzierten etwa 1100 Beschäftigte täglich 4000 Damenschuhe und bis zu 2000 Schuhe einfacher Art. Die Fabrikanten erhielten sowohl das Gartenhaus als auch die Eiche, die später ihren Namen bekommen sollte, und bauten die wunderschöne Villa Wolf nur wenige Meter vom Baum entfernt, die heute noch steht. „Weil insbesondere Hermann Wolf einige Stiftungen für Ortsarme ins Leben gerufen hatte, wurde nach seinem Tod 1926 der Fleiner Weg nach ihm benannt", erklärt Geisler. Die Fabrik wurde in der NS-Zeit enteignet, die jüdische Eigentümerfamilie musste emigrieren, einige Familienmitglieder, die ihre Heimat nicht verlassen wollten, wurden in Konzentrationslagern ermordet.

Der Einstieg in die Eiche ist normalerweise mit einem Gitter verschlossen.

Nach Kriegsende bekam Gerhard Wolf (1900-1983) seine Fabrik zurück und baute die Schuhproduktion wieder auf, doch in den späten 1960er-Jahren wurde die billig importierte Konkurrenz so erdrückend, so dass der Niedergang des Unternehmens vorgezeichnet war. Im Januar 1970 lief die Produktion endgültig aus.

Die Fabrikgebäude samt Gelände wurden von der Stadt Heilbronn erworben. 1977 begann der Abriss und die ehemalige Industriefläche wurde ab 1984 mit Reihen- und Mehrfamilienhäusern überbaut. „All das hat die Wolko-Eiche erlebt", staunt Annette Geisler über die Entwicklung.

In dieser Zeit begann auch die Veränderung am Baum selbst. Mit der Übernahme des Geländes ging die Eiche ebenfalls in städtischen Besitz über. „Gleichzeitig fand auch ein großer Wandel im Bereich der Baumpflege statt", ergänzt Stephan Näschen. Ging es früher vor allem darum, wie ein Baum aussehen sollte, reifte nun die Erkenntnis, dass kranke Bäume auch gefährlich sind und man ihnen helfen kann. „In den 1970er-Jahren kam die Baumchirurgie auf, ein Wort, was heute vehement abgelehnt wird und sich wissenschaftlich als falsch erwiesen hat." Immer, wenn es Schadstellen gab oder Pilze, begann man, die Bäume auszuhöhlen und alles rauszunehmen. „Wie bei einem Zahnarzt, wenn der ein Loch flickt." Nun ist es bei Altbäumen aber ein natürlicher Prozess, dass er beginnt, von innen auszufaulen. „Heute greift man da auch nicht mehr ein, sondern lässt den Baum selbst gegen die Schädigung ankämpfen, denn vitale Bäume können sich selbst durch natürliche Barrierezonen zum Beispiel gegen Schadpilze zur Wehr setzen. Diese können das Eindringen der meisten Pilze verhindern." In den 1980er-Jahren wurden gerne noch Betonplomben als Stabilisatoren in die hohlen Bäume eingesetzt. Dieses Schicksal blieb der Wolko-Eiche erspart.

Ausgehöhlt wurde sie aber und zwar laut Thomas Weimann, einem der Baumpfleger beim städtischen Betriebsamt, erst etwa 1990. Er war selbst dabei. „Das ging wochenlang, wir mussten wie in den Bergbau von unten einsteigen und haben uns dann mit Holzfräsen nach oben gearbeitet", erinnert er sich. So entstand vom Stammfuß bis zu dem in rund vier Metern Höhe befindlichen Loch im oberen Stammbereich eine Art Kamin und Lüftung, die den Pilz in Schach hält. „Wir sind mal zu fünft drinnen gestanden, das war zwar eng, aber es ging." Bei Fertigstellung war der Stamm an manchen Stellen nur noch zwei bis drei Zentimeter dick, doch inzwischen sei er ordentlich nachgewachsen. Die Eiche hat einen Stammumfang von 4,60 Meter und eine Höhe von 21 Meter. Den Einstieg in die Röhre verdeckt ein extra angefertigtes, mit einem Schloss versehenes Gitter, damit weder Müll noch unbekümmerte Kinder im Baum landen.

„Wir sind mal zu fünft drinnen gestanden, das war zwar eng, aber es ging."

Irgendwann waren die Heilbronner Baumpfleger aber am Ende ihres fachlichen Wissens. Seit 1991 ist Dr. Lothar Wessely aus Stuttgart als Sachverständiger für den Erhalt und die Verkehrssicherheit der Wolko-Eiche zuständig. Immer wieder fließen dabei neue Erkenntnisse der Baumpflege mit ein. Die Tests erfolgen ganz physikalisch und praktisch. Mit Seilen wird aus verschiedenen Winkeln der Widerstand des Holzkörpers gemessen, um zu sehen, ob er orkansicher ist. „Röhren sind manchmal stabiler als Vollholz", stellt Näschen fest. Heutzutage lässt man Bäume im Allgemeinen selbst gegen ihre Schädigungen agieren und beobachtet den Prozess, um dann im Zweifel mit moderner Baumpflege zu unterstützen. Da werden zum Beispiel Seile als Stütze gefährdeter Astpartien gespannt oder der Baum durch angepasste fachgerechte Schnittmaßnahmen entlastet. Die Wolko-Eiche bekommt es seit über 20 Jahren auch mit kleinen Unterstützungen, wie der Entfernung von Totholz, ganz gut allein hin.

So geht's zur Wolko-Eiche:

Die Eiche steht auf Höhe der Hermann-Wolf-Straße 9/1 in Sontheim.

Die gewölbte Form des Zollingerdachs sticht sofort ins Auge.

Zollingerdach

Bauchige Besonderheit

Ein spitzer Giebel reiht sich in der Stauchenstraße am Rande des alten Ortskerns von Frankenbach an den nächsten. Flachdächer gab es noch nicht, als hier erstmals gebaut wurde. Der Blick streift die Häuserzeile entlang und bleibt prompt an der Nummer 22 hängen, dem ehemaligen Wirtshaus zum Lamm. Das liegt vor allem daran, dass sich das Dachgeschoss nach außen wölbt, geradezu aufgepumpt wirkt. Helga Schillinger vom Interessenkreis Heimatgeschichte Frankenbach nickt wissend: „Das ist ein Zollingerdach, hierzulande eine echte Besonderheit."

Auch wenn heute recht unbekannt, war diese Bauweise, wie Helga Schillinger sagt, in der Weimarer Republik durchaus verbreitet. Namensgeber war der Merseburger Architekt und Stadtbaumeister Friedrich Reinhart Baltasar Zollinger (1880-1945). Der hatte sich schon vor dem Ersten Weltkrieg mit der Idee der Massenherstellung typgleicher Wandkonstruktionen beschäftigt. Aufgrund der Wohnungsnot in den 1920er-Jahren, die Architekten und Stadtplaner zwang, möglichst rasch und günstig Wohnraum zu errichten, griff er das von ihm bereits zwischen 1904 und 1910 erprobte Zollbauverfahren wieder auf und entwickelte passend hierzu ein leicht, schnell und kostengünstig zu errichtendes Dach. 1923 meldete es der Architekt zum Patent an – das Zollingerdach war geboren.

Doch was ist nun das Besondere an dieser auch Zoll-Lamellen-Bauweise genannten Konstruktion, die sich erheblich von normalen Dachstühlen unterscheidet? „Sie wird zumeist als Kreisausschnitt, ähnlich wie ein Tonnendach, von der Traufe zum First ausgebildet", heißt es im Internet auf einer Seite für Bauexperten. Durch die Biegung der Dachflächen wurde erreicht, dass der First keine Unterstützung durch separate Stützen benötigte, dadurch konnte der Dachraum frei gestaltet und genutzt werden. Zu den Vorteilen gehörten ein deutlich geringerer Holzverbrauch und die Möglichkeit, dank der festgelegten Abmessungen der Lamellen diese maschinell in großen Stückzahlen vorzufertigen. Außerdem konnten wegen der Biegungsfestigkeit Öffnungen für Fenster oder Gauben aus dem Dachtragwerk ausgeschnitten und große Räume überspannt werden, weswegen es auch beim Bau öffentlicher Gebäude, Scheunen, Flugzeug- und Eisenbahnhallen, Stadien, Markthallen und Kirchen verwendet wurde. „Trotz dieser Vorzüge konnte die Bauweise sich nicht durchsetzen, da das Errichten der kleinteiligen Konstruktion einen hohen Zeitaufwand erfordert",

Helga Schillinger vom Interessenkreis Heimatgeschichte Frankenbach freut sich über die denkmalgeschützte Besonderheit in ihrem Ort.

heißt es in der Erklärung weiter. Hinzu komme die anspruchsvolle statische Berechnung der Konstruktion.

Wer sich aber doch für diese Variante entschied, bekam schlussendlich mehr Platz für weniger Geld. Das dürfte auch der Grund sein, warum sich der damalige Gastwirt für diese Form bei seinem Neubau entschieden hat. „Ursprünglich standen hier am Rande des Orts kleine, meist eingeschossige Gebäude", erklärt Helga Schillinger. In einem davon befand sich die Wirtschaft zum Lamm. Die erste Wirtskonzession bekam ein Friedrich Scherz 1875. „Auf dem Lamm waren x Wirte drauf und immer waren sie berufstätig, meist Arbeiter in Heilbronn, und betrieben das Gasthaus nur nebenbei, tagsüber kümmerten sich die Ehefrauen darum", erläutert die Heimatkundlerin weiter. 1924 wurde der neue, zweieinhalbgeschossige Bau mit dem besonderen Dach errichtet. Das hohe Sockelgeschoss stammt noch vom Vorgängerbau. 1920 erhielt laut Akten im Stadtarchiv ein August Schmid eine Wirtschaftserlaubnis. Da der nächste Wirt Wilhelm Schütz erst für 1930 eingetragen ist, muss es also Schmid gewesen sein, der das neue Lamm baute. Und warum so ein besonderes Dach? „Ich nehme an, er hat einfach Platz gebraucht, entweder schon für Gästezimmer oder als Wohnraum für die eigene Familie", mutmaßt Helga Schillinger.

Es sollten noch einige Inhaber folgen. Die letzten waren laut Aktenlage Rudolf und Else Glaser, die ihre Lizenz 1956 und 1957 erhielten. „Das Lamm gab es noch bis etwa 1970, da begann in Frankenbach das große Gaststättensterben und potenzielle Nachfolger lehnten dankend ab, weil kein großes Geschäft mehr zu machen war", erzählt Helga Schillinger. Einen großen Moment hatte das ehemalige Wirtshaus dann aber doch noch – 1993 wurde es zum Denkmal erhoben. Vor allem wegen seines ungewöhnlichen Zollingerdachs.

So geht's zum Zollingerdach:

Die Stauchenstraße 22 in Frankenbach ist mit dem Zollingerdach ausgestattet.

Hans-Ulrich Dollmann demonstriert das Stemmen an der einzigen Handschleuse Baden-Württembergs mit Stemmtoren.

Stemmtor

Alte Technik funktioniert

Jeden Tag passieren zahlreiche Menschen die Wilhelmbrücke Richtung Neckarbogen oder von dort kommend. Viele dürften dabei die drolligen, duschenden Figuren der Künstlerin Christel Lechner bemerken, die sich direkt am Wasser auf ihr Badevergnügen vorzubereiten scheinen. Weit weniger Beachtung finden zwei hölzerne Tore mit langen Stangen, die das Wasser zurückhalten. Kein Wunder: Man kann sie nur sehen, wenn man fast senkrecht nach unten blickt. Alte Technik, die begeistert.

Um die Geschichte der Tore zu erzählen, muss Stadtführer Hans-Ulrich Dollmann etwas weiter ausholen. Sie beginnt im 14. Jahrhundert mit dem Neckarprivileg, das erlaubte, den Fluss näher an die Stadt heranzuführen, indem er aufgestaut wurde. Das Privileg geht auf Ludwig IV. (1282 oder 1286-1347) zurück. Er berechtigte Heilbronn mit dem am 27. August 1333 in Esslingen ausgestellten Dokument, den

Lauf des Flusses zu beeinflussen und nutzbar zu machen. Damit fällte der Kaiser einen Schiedsspruch in einem Streit, der zwischen Komtur und Konvent des Deutschen Ordens zu Heilbronn und den Bürgern tobte: Zu früherer Zeit veränderte der Neckar immer wieder seinen Lauf und bildete mehrere Flussarme. Die Stadt hatte im Mittelalter regulierend in den Flusslauf eingegriffen. Das geschah auch mit einem Wehr, um ausreichend Wasser in die Stadt zu leiten. Daraufhin verlandete der eigentliche Hauptarm des Neckars. Beim Hochwasser 1333 brach das Wehr, die dem Deutschen Orden gehörende Flussaue Weidach wurde überflutet. Die daraus entstanden Zwistigkeiten sollten durch den Schiedsspruch geschlichtet werden. Nach diesem durften die Bürger den Neckar nach Belieben „wenden und keren".

„Damit hatten die Heilbronner die Neckar-Schifffahrt, die schon seit den Römern belegt ist, in der Hand, hier war nun der Endpunkt", erläutert Hans-Ulrich Dollmann. Denn die schlauen Städter riegelten den Neckar bei der nördlichen Inselspitze durch Wehre gänzlich ab und errichteten unterhalb einen Umschlagplatz. Alle Waren, die in Richtung Süden unterwegs waren, mussten erst einmal hier ausgeladen werden. Nur Flöße konnten talwärts durch eine eigens geschaffene Floßgasse noch passieren. Neben den Zolleinnahmen kam das vor allem den Kaufleuten zu Gute, die dank des Stapelrechts, das heißt, die Waren mussten unter den Arkaden des Rathauses aufgebaut werden, ein Vorkaufsrecht genossen. „Das brachte der Stadt richtig viel Geld, speziell für Spediteure war das ein richtiges Geschenk." Dr. Hanns Heiman schreibt in seinem Buch *Beiträge zur Geschichte des Neckarschiffergewerbes und der Neckarschiffahrt*: „Bis zum Ende des 15. Jahrhunderts soll immerhin auch der Wasserverkehr zwischen Kannstatt und Heilbronn fortgedauert haben, später aber bildete Heilbronn zunächst den Endpunkt für den Wassertransport, von wo aus dann die Güter per Achse weiterbefördert wurden."

Württemberg versuchte über Jahrhunderte, dieses Hindernis in der Reichsstadt Heilbronn zu umgehen. Hans-Ulrich Dollmann erzählt, dass es schon im 16. Jahrhundert Untersuchungen und Ideen für eine Schleuse gab, damit Schiffe Heilbronn passieren konnten, die aber aus Kostengründen nie realisiert wurden. Doch dann, 1815, änderte sich die Situation zum Leidwesen der Heilbronner und zum

Glück der Schiffer grundlegend: Da wurden nämlich auf dem Wiener Kongress Hindernisse an Wasserstraßen abgeschafft und explizit die freie Durchfahrt an Neckar und Main gefordert. „König Wilhelm I. beauftragte kurz nach seinem Amtsantritt 1816 den Wasserbaumeister Karl Friedrich von Duttenhofer, zu untersuchen, wie man die Wehre in Heilbronn umgehen könnte", erläutert Hans-Ulrich Dollmann. Gegen den Widerstand der Stadt wurde ein Bypass favorisiert, weil der wiederum die Mühlen am Hefenweiler nicht tangieren würde. Unter großem Aufwand – dabei halfen 150 Festungssträflinge vom Hohenasperg – und dem wenig tragfähigen Untergrund zum Trotz, baute Württemberg daraufhin den Wilhelmskanal, der heute unter der Wilhelmsbrücke hindurchführt. Dieser befand sich nach seiner Eröffnung 1821 genau gegenüber dem Vorgänger am Altneckar und entwickelte sich zum neuen Heilbronner Hafen. Gleichzeitig diente er als Schutzplatz für Schiffe im Winter mit rund 50 Parkmöglichkeiten.

Hier kommen nun also die alten Holztore ins Spiel, denn sie befinden sich am Ende der Schleuse auf der Nordseite des Kanals. Sie stauen noch heute das Wasser auf und lassen es dann wieder abfließen, damit Schiffe unterschiedliche Wasserhöhen überwinden können. Heute ist es die einzige Handschleuse in Baden-Württemberg mit Stemmtoren. „Sie wurde etliche Male restauriert, aber ist immer noch voll funktionstüchtig", erzählt Hans-Ulrich Dollmann begeistert. 1884 wurde die zweite, etwas größere Schleuse gebaut. „Das ist zwar auch eine Handschleuse, aber die wird schon mit modernerer Technik mit Zahnkränzen betrieben und über eine Kurbel geöffnet." Beim älteren Pendant dagegen müssen die Bootsführer oder einer ihrer Begleiter die Tore mit einem langen Holzstab aufschieben. Und wer ein bisschen länger auf der Brücke ausharrt und Geduld beweist, kann das auch immer wieder beobachten.

So geht's zum Stemmtor:

Die beiden Stemmtore befinden sich direkt unter der Wilhelmbrücke in der Kranenstraße in Blickrichtung Stadt.

Heiner Dörner ist froh, dass in diesem Betonkubus ein Baum wächst.

Wurzelschacht

Durch Beton zur Erde

Heiner Dörner blickt stolz auf die riesige kaukasische Flügelnuss, die, von der Alleeseite her, den Eingang in den Stadtgarten prägt. Ihn und den 1971 gepflanzten Baum verbindet eine lange Geschichte. Und deshalb weiß er auch, dass die Flügelnuss zwar ohne Zweifel eine Augenweide ist, dass sich ihre Besonderheit jedoch bis zu zwei Stockwerke weiter unten befindet – in der Tiefgarage Harmonie.

Dorthin lädt Heiner Dörner nun ein und zeigt im ersten Untergeschoss, nur wenige Meter entfernt vom Treppenhaus, auf ein quadratisches Gebilde aus Beton, das Boden und Decke verbindet – und sogar noch eine Etage tiefer reicht. Dahinter verbirgt sich nicht etwa schnöde Technik, sondern vielmehr Natur pur – die Lebensader der Flügelnuss. „Das ist einer der drei Wurzelschächte, die hier beim Bau der Tiefgarage für viel Geld eingelassen wurden, um zumindest drei tiefwurzelnde Bäume im Stadtgarten zu haben", erläutert der Kirchhausener. Und daran war er nicht ganz unbeteiligt.

Gehen wir einige Jahrzehnte zurück. Heilbronn ächzt Ende der 1960er-Jahre wie viele Städte unter dem stetig wachsenden Verkehr. Irgendwo müssen die Autos hin, also beschließt der Gemeinderat im Juli 1969 den Bau einer Tiefgarage unter dem Stadtgarten. Dass dabei kein Stein auf dem anderen und erst recht nichts von dem uralten Baumbestand erhalten bleiben würde, ist klar. Heiner Dörner erinnert sich noch gut an diesen Beschluss. Damals sitzt er noch nicht im Stadtrat, sondern ist ein ganz normaler Bürger, der täglich an die Uni Stuttgart fährt, um seiner Tätigkeit als wissenschaftlicher Mitarbeiter nachzugehen. „Wir feierten im Haus von meinem Schwager Hans Walz mit mehreren Freunden den 33. Geburtstag meiner großen Schwester Marianne", erzählt er. Zu später Stunde kommt das Gespräch auf die geplante Tiefgarage. Irgendjemand fragte sich, ob dafür etwa die uralten Bäume gefällt werden würden. „Eine große Mehrheit meinte, dagegen müsse man doch etwas unternehmen, also schrieb ich am nächsten Tag einen geharnischten Leserbrief an die *Heilbronner Stimme*."

Am Erscheinungstag, dem 22. Juli 1969, fährt Dörner ganz normal zur Arbeit. Während er in Stuttgart weilt, wird seine damalige Frau Suzanne mit Anrufen überschüttet – der Brief hatte augenscheinlich einen Nerv getroffen. Bestärkt durch die Resonanz beginnt der Diplom-Ingenieur für Luft- und Raumfahrttechnik zu recherchieren, was für Möglichkeiten es kommunalpolitisch geben könnte, etwas zu tun, und entdeckt, dass Baden-Württemberg in seiner Gemeindeordnung von 1955 bereits die Möglichkeit zur direkten Demokratie mittels eines Bürgerbegehrens und daraus folgendem Bürgerentscheid verankert hat. Mit einer kleine Gruppe sammelt er Unterschriften gegen das Vorhaben. „Wir waren nicht gegen die Tiefgarage, nur gegen den Standort und schlugen stattdessen den Bau unter der Allee vor", betont Heiner Dörner. Bereits am 7. August wurden der Verwaltung 7492 Unterschriften übergeben – 6180 wären für ein Bürgerbegehren notwendig gewesen. Der Gemeinderat beschließt, am 16. November einen Bürgerentscheid durchzuführen – der erste in Heilbronn überhaupt.

Die daraufhin in der Stadt geführte Diskussion ist hitzig. Damals müssen 50 Prozent aller Wahlberechtigten bei einem solchen Entscheid ihre Stimme abgeben. Letztlich tun dies aber nur 21,3 Prozent, von denen sich allerdings die große Mehrheit gegen den Standort Stadtgarten ausspricht. Wie sehr das Thema bewegt, zeigen diese Zeilen von Uwe Jacobi und Wolfgang Frank aus der *Heilbronner Stimme* vom 17. November: „Mehr als tausend Anrufer erkundigten sich gestern beim Telefon-Sonderdienst der Heilbronner Stimme." Alle wollen das Ergebnis möglichst früh wissen. Heiner Dörner selbst ist damals nicht enttäuscht, die 50 Prozent erscheinen ihm von vornherein eine zu hohe Hürde. Außerdem habe das Ganze dennoch auch positive Auswirkungen gehabt: „Nachdem die Gemeinderäte merkten, dass das Thema durchaus viele Leute bewegt, setzten sie sich dafür ein, dass bei der Neugestaltung auch tiefwurzelnde Bäume gepflanzt werden." Die Bauherrin, die B+B Parkhausgesellschaft, wird dazu verpflichtet, Wurzelschächte für drei Großbäume durch beide Parketagen hindurch zu integrieren. Jeder ist 4,80 Meter im Quadrat groß und bis zu elf Meter tief, so dass die Bäume sich bis zu natürlichem Grund durcharbeiten können. Dafür verzichtet sie auf insgesamt 24 Einzelstellplätze. Hans Hoffmann spricht deswegen von „den teuersten Bäumen der Bundesrepublik", schließlich kostet jeder Wurzelschacht inklusive Be- und Entwässerung 60.000 D-Mark, dazu die gestrichenen Parkplätze – macht 140.000 D-Mark pro Baum, wie die *Heilbronner Stimme* am 28. September 1971 aufschlüsselt. Unsere schöne Flügelnuss wird alten Akten zufolge irgendwann zwischen dem 8. und 14. Oktober 1971 eingepflanzt. In die anderen Schächte kommen ein Trompetenbaum und ein Ahorn. „Ich freue mich immer sehr, wenn ich sie sehe", meint Heiner Dörner und blickt hinauf in die Zweige. Für ihn selbst ist der Bürgerentscheid der Auftakt einer langen kommunalpolitischen Karriere, die er erst Ende 2021 beendete.

So geht's zum Wurzelschacht:

Wer vom Eingang in die Tiefgarage Harmonie auf der Alleeseite in das erste Untergeschoss geht, sieht dort weniger Meter entfernt vom Treppenhaus eine quadratische Betonform – das ist der Wurzelschacht.

Phönix

Schwarzer Zwilling auf der Schlosserwerkstatt

Er ist ein Zeichen des Wiederaufbaus – der kleine goldene Phönix auf dem Gebäude der ehemaligen Schlosserei Lutz. Nur wenige Meter weiter, aber noch ein ganzes Stückchen höher, prangt ein größeres Exemplar davon auf dem Hafenmarktturm in der Sülmerstraße. Man muss den Hals schon ganz schön nach hinten strecken, um die Vögel zu entdecken.

Die Altstadt von Heilbronn war vor dem Zweiten Weltkrieg geprägt von Fachwerkbauten. Am 4. Dezember 1944 wurde sie jedoch durch Brand- und Sprengbomben der britischen Royal Air Force fast komplett zerstört. Mit schmucken, zumindest historisch anmutenden Gebäuden sieht es seitdem eher mager aus. Oft hieß es in der Vergangenheit, dass die Stadt eben möglichst schnell wieder aufgebaut werden musste und die Verantwortlichen daher wohl kaum Wert auf eine großartige Planung oder Ästhetik legen konnten. „Das stimmt einfach nicht", widerspricht Annette Geisler vehement. „Es wurde über Jahre überlegt, wie der Wiederaufbau aussehen soll, es gab sogar einen Gestaltungswettbewerb." Vor allem sollten die Lebensbedingungen für die Einwohner besser werden als in der doch eher muffigen, engen Altstadt. „Jeder Haus bekam eine leicht andere Optik, das erkennt man in der Lohtorstraße noch recht gut", findet die Stadtführerin. Wichtig waren den Erbauern vor allem große und viele Fenster, um mehr Licht in die Wohnungen zu bringen als zuvor. Maximal drei Stockwerke durften die Gebäude hoch sein mit Ausnahme von den Eckhäusern, bei denen vier, manchmal auch mehr erlaubt waren. Es entstanden lauter einzelne Quartiere mit grünen Innenhöfen, in denen die Kinder spielen sollten und Wäsche getrocknet werden konnte. Die Balkone gingen meist alle zu dieser Seite. „Leider sind die meisten Innenstadthöfe inzwischen zugepflastert und zu Autoabstellflächen umfunktioniert", bedauert Annette Geisler. Auch die wichtigsten Straßen wurden damals verbreitert, dafür gaben die jeweiligen Anlieger 15 Prozent

Der Phönix auf der ehemaligen Schlosserei Lutz ist die kleine Ausgabe des goldenen Exemplars auf dem Hafenmarktturm.

ihres Grundstücks ab, zehn Prozent sogar unentgeltlich. Die ganze Innenstadt versprühte einst das typische leichte, luftige Flair der 1950er-Jahre, das der Nachkriegs-Tristesse vehement Einhalt gebot. Hier und da lassen sich in der Sülmerstraße auch noch einige Behelfsbauten ausmachen, erkennbar daran, dass sie nur einstöckig sind. „Vereinzelt griffen die wiederaufgebauten Häuser auch die Form ihrer zerstörten Vorgänger, quasi als Zitat, wieder auf, wie zum Beispiel das Haus der Schlosserei Lutz", erläutert die ehemalige Mitarbeiterin des Heilbronner Stadtarchivs.

Dieses Unternehmen wurde Ende des 19. Jahrhunderts von Wilhelm Lutz (1843-1931) gegründet und dann von zwei Generationen „Willis" fortgeführt. Der letzte Willy Lutz (1906-1975), Gemeinderatsmitglied der FDP, verewigte sich mit seinem Kopf über dem Türsturz. Dort ist auch das Jahr des Wiederaufbaus, 1952, zu lesen. Nach seinem plötzlichen Tod – sein Grab auf dem Hauptfriedhof ist kunstvoll von seinem ehemaligen Mitarbeiter Werner Holzbächer (1917-1977) geschlossert – führte seine Witwe Anneliese das Geschäft gemeinsam mit ihrem Sohn Manfred noch ein paar Jahre weiter, bis es 1979 endgültig aufgegeben, die Werkstatt abgerissen und neu überbaut wurde.

Die Schlosserei Lutz also bekam den Auftrag von Heinrich Röhm, dem Leiter der Entwurfsabteilung des städtischen Hochbauamts, den metallenen Aufsatz des Hafenmarktturms mitsamt dem Phönix zu erstellen. Das kleinere Pendant auf der Lutzschen Werkstatt könnte die Entwurfsskulptur sein oder der Schlosser baute ihn nach, konkret werde das nirgendwo genannt, erläutert Annette Geisler. „Das Aufsetzen des goldenen Phönix 1952 war damals ein wichtiges Symbol und ein Meilenstein für den Wiederaufbau", erklärt sie. „Wie Phönix aus der Asche, da wusste man, man hat den Wiederaufbau geschafft."

So geht's zum Phönix:

Der kleine goldene Phönix thront als Wetterhahn auf der Schulgasse 5, sein größeres Pendant nur wenige Meter weiter auf dem Hafenmarktturm.

Thomas Schulz bewundert die Standfestigkeit der alten Armierungspfähle.

49

Armierungspfähle

Praktisches Kriegsrelikt

Einem zufälligen Spaziergänger fallen sie nicht auf. „Das sieht nur, wer sich mit der Materie beschäftigt", weiß Thomas Schulz, Mitglied im Interessenkreis Heimatgeschichte Horkheim. Er gehört dazu. Der Spaziergang beginnt beim Horkheimer Bürgeramt, von da aus geht es in die Schlossgasse. „Da waren mal welche, aber die wurden abgesägt", weist Schulz auf eine kleine Mauer hin. So kann man sie natürlich nicht sehen. Hinter Hausnummer fünf um die Ecke öffnet sich ein kleiner Weg Richtung evangelischer Kirche und tatsächlich, da stehen sie, die Gartenzaunpfähle, die gar keine sind. In Horkheim tauchen sie noch an verschiedenen weiteren Orten auf – alte Armierungspfähle aus der Zeit vor dem Zweiten Weltkrieg.

1935 bis 1937 wurde die Neckar-Enz-Stellung erbaut, eine Verteidigungslinie von Eberbach am Neckar bis nach Vaihingen/Enz, immer entlang des Neckars, der Schozach und der Enz. „Sie wurde vor allem gegen Angriffe aus Frankreich installiert", erläutert Schulz. Nun liegt Heilbronn und damit auch Horkheim nicht gerade an der französischen Grenze, doch aufgrund des Versailler Vertrags nach dem Ersten Weltkrieg (1914-1918) mussten militärische Anlagen eine gewisse Entfernung zur Reichsgrenze aufweisen, also außerhalb der entmilitarisierten Zone gebaut werden. Die Flüsse wiederum boten sich als natürliches Hindernis an und die Stellung sollte dieses noch verstärken.

Ein Teil dieser Verteidigung bestand aus (Stachel-)Drahtzäunen, die zwischen jeden Hindernis-Plattenpfahl, so die offizielle Bezeichnung, gespannt wurden. Die Pfähle gab es in vier verschiedenen Längen. Der ein Meter lange wog sechs Kilo, die 1,75 Meter-Version schon 7,8 Kilogramm, zwei Meter kamen auf neun und der Drei-Meter-Pfahl gar auf stolze 15 Kilogramm. Alles verzinkter Stahl. Die 40x40x5 Millimeter starken Stangen waren auf einer Grundplatte von 30x30 Zentimetern befestigt, die tief eingegraben wurde, sodass es quasi unmöglich war, den Zaun umzuwerfen. Dank wolkigem Tarnanstrich waren sie zusätzlich schwer zu erkennen. „Die Originalfarbe sieht man allerdings kaum noch, die Verzinkung ist aber überall noch vorhanden", erläutert Schulz.

Am oberen Ende züngelt die Spitze fast wie eine Flamme dem Feind entgegen und diente mit ihren scharfen Kanten als Übersteigschutz. In Friedenszeiten sind sie einfach ungemein dekorativ und wer meint, unberechtigt in den Garten klettern zu müssen, der dürfte sich an den guten Stücken immer noch ordentlich wehtun. Über die Länge verteilt befinden sich außerdem scharfkantige Drahthalter in Form eines konischen Vierecks aufgenietet.

Die Teile wurden 1935/36 zu Zehntausenden vor allem in Stahlwerken im Sieger- und im Sauerland hergestellt. Die Qualität kann sich sehen lassen. Auch so viele Jahrzehnte später stehen die Teile noch gut da. „Manchmal wurden mehrere tausend Stück auf einmal am Bahnhof in Sontheim angeliefert", weiß der Heimatforscher. Das Gewicht kann man sich vorstellen, mehrere tausend Tonnen. Allein im Schozachtal wurden sechshundert Stück davon als Drahtspalier in den Weinbergen verbaut.

Doch die sowieso nie fertig gebaute Neckar-Enz-Stellung verlor schnell an Bedeutung, als zunächst der Westwall am Rhein und dann der Atlantikwall von der Wehrmacht aufgebaut wurden. „Man hatte ja nichts mehr, also zog man das Material, darunter die Kabel des Fernmeldenetzes, auch von hier ab.“ Ab 1938 wurde die Stellung quasi nur noch verwaltet, nicht mehr unterhalten. In wenigen Jahren war die Technik völlig veraltet und ausgebaut, eine betonierte Feldstellung. Als 1944 die Alliierten den Atlantik- und später den Westwall durchbrachen, brach wiederum Panik an der Neckar-Enz-Stellung aus. Nichts funktionierte, als man sie in Betrieb nehmen wollte. „Die hielt maximal noch ein bisschen auf, aber sicher nicht zurück.“

„Man hatte ja nichts mehr, also zog man das Material, darunter die Kabel des Fernmeldenetzes, von hier ab.“

1947 führten die Alliierten die ersten Sprengungen durch, in den 1950er-Jahren diente die Festungslinie vor allem zur Altmetallgewinnung. Heiß begehrt waren vor allem die hochwertigen Panzerbauteile, die in der Neckar-Enz-Stellung verbaut waren.

Zu dieser Zeit waren die Zäune natürlich längst zurückgebaut, doch die Pfähle ließ man an vielen Orten, vor allem in den Weinbergen stehen, war es doch viel zu mühselig und zu schädlich für den Untergrund, sie wieder auszugraben. Die Horkheimer haben sie sich dann einfach abgesägt und geschnappt, um ihre Gärten einzuzäunen.

So geht’s zu den Armierungspfählen:

Eine ganze Reihe ist in Horkheim am Verbindungsweg zwischen Schlossgasse und evangelischer Kirche, ein ganzes Grundstück ist in der Amsterdamer Straße 10 eingefasst.

1596
1950

Gedenkstein

Ein Stück Zukunft mit ganz viel Geschichte

Deutschlands größtes Science-Center, die experimenta, befindet sich in Heilbronn auf der Kraneninsel. Der futuristische Neubau lädt als modernes Bildungszentrum zum Entdecken vieler wissenschaftlicher und technischer Exponate ein. „Die experimenta ist mein Kind, schon gleich nach meiner Wahl 2005 zum Bürgermeister habe ich dem damaligen Oberbürgermeister Helmut Himmelsbach meine Pläne für die Amtszeit erläutert und ganz oben stand ein Science-Center im Hagenbucher", erinnert sich Heilbronns Oberbürgermeister Harry Mergel. 2009 wurde es eröffnet, aber nicht in dem futuristischen Neubau, sondern in dem Backsteingebäude daneben, dem Hagenbucher. Dort, an einer Ecke direkt an der ehemaligen Floßgasse, hat Harry Mergel etwas entdeckt, das für den gebürtigen Heilbronner perfekt die Verbindung zwischen dem historischen und dem modernen Heilbronn erzählt.

Hier läuft niemand zufällig hin, dabei würde sich der Abstecher lohnen: Ein Torbogen aus Sandstein unterbricht die Backsteinfassade, oben am Bogen ist die Zahl 1596 eingraviert, links in der aufsteigenden Bahn ein Steinmetzzeichen und die Jahreszahl 1936. Innerhalb des Bogens ist ein Gedenkstein eingelassen mit der Inschrift: *An dieser Stelle stand die alte Brückenmühle, 1442 im Besitz der Stadt, 1574 umgebaut, 1835 erneuert und 1936 abgebrochen. An ihrer Stelle wurde im gleichen Jahr dieser Bau errichtet.* Damit wäre das also schon geklärt, oder? Nicht ganz, es gibt doch noch ein bisschen mehr über diese Mühle zu sagen, generell über die Geschichte dieser Bauwerke in Heilbronn, die viel spannender ist, als es ein Gedenkstein an einer fast unzugänglichen Stelle vermuten lässt. „In der Mitte des 16. Jahrhunderts verfügte die Reichsstadt über die leistungsstärkste Mühlenkraft zwischen Bodensee und Main!" schreibt der Müllermeister Heinz Tuffentsammer in seiner Dokumentation *Heilbronns Mühlen – Industrielle Keimzellen.* „Das zeigt, welche Bedeutung der Neckar und insbe-

Für Oberbürgermeister Harry Mergel treffen an dieser Ecke das historische und das moderne Heilbronn aufeinander.

sondere die Mühlen für den frühen Wohlstand der Stadt hatten", betont auch Harry Mergel.

Fürwahr, diese Brückenmühle gehörte quasi zum ersten Heilbronner Gewerbegebiet auf den vier Inseln, die von ganzen fünf Flussläufen umspült wurden. Sie entstanden, als die Heilbronner dank des Neckarprivilegs von 1333 ihr Heimatgewässer so lenken und umformen durften, wie sie am meisten davon profitierten (siehe Geheimnis 46). In der Folge siedelten sich zahlreiche Mühlen an, um die Wasserkraft des durch Wehre aufgestauten Flusses zu nutzen. Dazu gehörte auch die Brückenmühle, die 1336 noch unter dem Namen Feuerers Mühle erstmals erwähnt wird. Die Stadt erwarb die Getreidemühle 1368, nachdem sie diese bereits acht Jahre zuvor als Lehen vom Reich erhalten hatte. Die Geschichte ist also noch älter, als der Torbogen und die Inschrift vermuten lassen. „Wenig später, in der ‚Steuerstubenrechnung' von 1374/1375, wird die Feuerers-Mühle als die zweite Mühle der Stadt zum ersten Mal auch als ‚Wasenmühle' bezeichnet", schreibt Tuffentsammer. Bis 1835 erfüllte sie ihren Dienst für die Stadt.

Die beiden Getreidemühlen – neben der Brücken- auch die größere Lorcher Mühle – waren wichtige Einnahmequellen für Heilbronn. Im 16. Jahrhundert erwirtschafteten sie gut zehn Prozent der städtischen Einkünfte. Da hatte man die ursprüngliche Wasenmühle schon durch einen weitaus kompakteren, fast festungsgleichen Neubau ersetzt – 1574. Jetzt hieß sie auch offiziell Brückenmühle. Lange betrieb die Stadt sie selber, bis der Rat am 3. Oktober 1767 beschloss, „die beiden Mühlen zum Nutzen des Publici und der privatorum zu verpachten", zitiert Tuffentsammer alte Unterlagen.

Zu dieser Zeit kam immer mehr Schwung in die Mühlenlandschaft. Neue Gewerbe wollten die Wasserkraft ebenfalls nutzen. Heilbronner Kaufleute investierten ihr Kapital und sorgten damit für die Grundlage der Industrialisierung der Stadt. „Heilbronn wurde nicht umsonst das schwäbische Liverpool genannt und die Mühlen machten den Anfang", erklärt Harry Mergel. 1805 waren hier am Neckar ganze 29 Mühlen in Betrieb, darunter auch die ersten Ölmühlen, womit wir jetzt langsam aber sicher zum Backsteingebäude namens Hagenbucher kommen. Doch noch war die Stadt ja im Besitz der Brückenmühle, brachte sie auch immer wieder auf den neuesten Stand der Technik.

1835 wurde sie völlig neu konzipiert, das teilweise noch von 1574 stammende Gebäude teilabgebrochen und eine Einrichtung mit vier Mahlgängen und einem Gerbgang mit nur noch vier Wasserrädern reduziert. Zu ihrer Hochzeit waren es 13 Gänge. „Fortan führte man sie als Brücken-Kundenmühle, und die Stadt erstellte daneben eine neue Kunstmühle", erläutert Tuffentsammer. Jetzt gab es also drei städtische Mahlmühlen, doch 1883 fielen die Mühlwerke einem Feuer zum Opfer und der Gemeinderat beschloss, nur noch die Kunstmühle wieder aufzubauen. Diese letzte städtische Mühle wurde 1918 mit dem gesamten Areal an die Firma Carl Hagenbucher & Söhne verkauft.

Zu dieser Zeit war Heilbronn die Hochburg des Öls. Anfang des 20. Jahrhunderts kam ein Drittel der deutschen Speiseöl-Erzeugung im Deutschen Reich von genau diesen einst künstlich angelegten Inseln im Neckar. Die Firma Hagenbucher wurde 1931 gar als bedeutendster Betrieb der Ölmüllerei in Deutschland bezeichnet – und brauchte Platz für die Ölsaaten. 1936 fiel daher die Entscheidung, den letzten bestehenden südlichen Teil der Brückenmühle abzubrechen und stattdessen den heute noch dort stehenden Saatenspeicher zu errichten. Als Erinnerung an die Geschichte wurden der alte Torbogen und der Gedenkstein in die Außenwand eingemauert.

Nach dem Ende der Firma in den 1950er-Jahren kaufte die Stadt das Gelände mit dem massiven Gebäude, das seitdem einfach Hagenbucher heißt. Mit der Eröffnung der experimenta 2009 ist es im Jetzt angekommen. „Damals sprach Ministerpräsident Günther Oettinger von der Zukunftsstadt Heilbronn", erinnert sich Harry Mergel an diesen Tag. Ein Stück Zukunft also mit ganz viel Geschichte.

So geht's zum Gedenkstein:

Das große Backsteingebäude an der Kranenstraße 14 ist der Hagenbucher. Zu Beginn des gepflasterten Wegs rechts halten, über die Terrasse am Gebäuderand bis zum Neckar vorlaufen und dort an der unteren Ecke des Hagenbuchers ist der Gedenkstein eingelassen.

Quellen, Literatur, Bildnachweis

„Abendgang durch das Industrieviertel". In: Neckar-Zeitung 25.10.1930.

„Die Eisenbahn kommt". In: Festschrift zum Horkheimer Heimatfest, o.O., 1957.

225 Jahre Georg Friedrich Rund, Heilbronn, 1952.

Adam, Karl Dietrich: Heilbronn und das mittlere Neckarland zwischen Marbach und Gundelsheim. Führer zu archäologischen Denkmälern in Deutschland 22, Stuttgart, 1991.

Amt für Liegenschaften und Stadterneuerung: „SozialeNordStadt" – eine Initiative der Stadt Heilbronn. Heilbronn, 2010. S. 64-70.

Archiv und Dokumentation der Heilbronner Stimme

Baars-Werner, Iris: Der Tag, ab dem die Atomraketen unerwünscht waren. In: Heilbronner Stimme, 15.7.2009.

Baars-Werner, Iris: Der Zug der Zehntausend. In: Heilbronner Stimme, 10.4.2010.

Baumgärtner, Josef: Zur Erinnerung an die Einweihung des Gemeindehauses mit Jugendfreizeitstätte St. Peter und Paul, Heilbronn, durch Exzellenz Weihbischof Wilhelm Sedlmeier, Heilbronn, 1964.

Bdr: „Erhaltet Erinnerungsstücke an Alt-Heilbronn!". Heilbronner Stimme, 8.1.1955.

Bechstein, Hans Dieter: Heilbronn – Die Kilianskirche: Mittelpunkt der Stadt, Heilbronn, 1975, S. 104–105.

Bernecker, Katja: experimenta – ein Science Center. URL: http://www.mein-heilbronn.org/kernstadt/freizeit-und-kultur/experimenta.html. Abgerufen am 10.5.2022.

Beschreibung des Oberamts Heilbronn, Stuttgart 1901/1903.

Beschreibung des Oberamts Heilbronn, Stuttgart, 1865, Kapitel B7.

Bilfinger, Dr. A.: Einiges über das Römer-Kastell Heilbronn-Böckingen. In: Historischer Verein Heilbronn Bericht aus den Jahren 1896-1900, Heilbronn, 1900, S. 77-84.

Bittorf, Wilhelm: „Die Habichte sind im Nest". In: Der Spiegel, Nr. 31, 1984, S. 48-55.

Christian Hasucha, URL: http://www.neue-kunst-im-hagenbucher.de/Kuenstlerseiten/Hasucha.html. Abgerufen am 13.3.2022.

Der „Meyle-Stein". URL: https://stadtarchiv.heilbronn.de/stadtgeschichte/geschichte-a-z/m/meyle-stein.html. Abgerufen am 16.2.2022.

Die Grundlagen der Heilbronner Industrialisierung: Öl- und Papiermühlen, URL: https://stadtarchiv.heilbronn.de/stadtgeschichte/unterrichtsmaterial/neuzeit/industrialisierung/arbeitsvorschlaege/grundlagen.html. Abgerufen am 6.2.2022.

Die Horkheimer Bogenstellung – ein Teil der Neckar-Enz-Stellung, URL: http://www.horkheim.de/heimatkreis/index.php?page=die-horkheimer-bogenstellung-ein-teil-der-neckar-enz-stellung. Abgerufen 12.2.2022

Die Karte der Neckar-Enz-Stellung, URL: https://arbeitskreis-bunkerforschung.de/karte. Abgerufen am 12.2.2022.

Dietz, Janis, Hilger, Agnes: Das Tunnelsystem von Heilbronn, URL: https://www.stimme.de/leben/umfrage/umfragen/noch-fragen/artikel/das-tunnelsystem-von-heilbronn-art-3808507. Abgerufen am 19.3.2022.

Dölker, H.: Mitteleuropa, Württemberg – Herstellung eines Hackenblatts in einer wassergetriebenen Hammerschmiede. In: Encyclopaedia Cinematographica, Göttingen, 1973.

Dupper, Reinhold: „Neuanlage Stadtgarten Heilbronn". In: Das Gartenamt 6/73, Hannover, 1973, S. 335-341.

Ehemaliges Rathaus (Horkheim). URL: https://de.wikipedia.org/wiki/Ehemaliges_Rathaus_(Horkheim). Abgerufen am 20.1.2022.

Evangelische Nikolai-Gemeinde Heilbronn: 650 Jahre Nikolaikirche – 50 Jahre Wiedereinweihung, Heilbronn, 2001, S.14-15.

Feeser, Dr. Wilhelm: „Der städtische Milchhof". In: Deutschlands Städtebau, Heilbronn a.N., Berlin, 1928, S. 69-71.

Fekete, Julius et.al.: Denkmaltopographie Baden-Württemberg Band I.5 Stadtkreis Heilbronn, Stuttgart, 2007, S. 104, S. 110, S. 148.

Festschrift zum 200-jährigen Jubiläum der Firma Georg Friedrich Rund Heilbronn a.N., Heilbronn, 1927.

Fleisch- und Gerichtshaus. URL: https://stadtarchiv.heilbronn.de/stadtgeschichte/geschichte-a-z/f/fleisch-und-gerichtshaus.html. Abgerufen am 1.3.2022.

Friederich, Karl: Die Steinbearbeitung in ihrer Entwicklung vom 11. bis zum 18. Jahrhundert, Augsburg, 1932.

Friedl, Joachim: „Das Fleischhaus ist zurück". URL: http://www.stimme.de/heilbronn/nachrichten/stadt/sonstige-Das-Fleischhaus-ist-zurueck;art1925,2637834. Abgerufen am 1.3.2022

Friedl, Joachim: Als der Klingenberger Steg den Hol-über ersetzte. URL: https://www.stimme.de/schwerpunkte/50wochen50orte/heilbronn-sued/als-der-klingenberger-steg-den-hol-ueber-ersetzte-art-4348137. Abgerufen am 15.4.2022.

Fuchs, Carola: „Die Heilbronner haben ihren Neckar wieder", URL: https://www.stuttgarter-nachrichten.de/inhalt.buga-2019-in-heilbronn-die-heilbronner-haben-ihren-neckar-wieder.b3449f95-e9e5-4f5f-be52-1fa7ad5d7af2.html. Abgerufen am 1.3.2022.

Geisler, Annette: „Heilbronn – Geschichte des öffentlichen Grüns". In: Stadt+Grün – Das Gartenamt 5/2019, URL: https://stadtundgruen.de/artikel/heilbronn-geschichte-des-oeffentlichen-gruens-11347.html. Abgerufen am 11.3.2022.

Hachenberger, Richard: „Die Baumkelter – ein Wahrzeichen des Weinbaus in Heilbronn". In: Jahrbuch für schwäbisch-fränkische Geschichte, Band 34. Heilbronn, 2001, S. 171-182.

Hahn, Peter, Kurz, Heinz: Neckargartacher Brücken. HN-Neckargartach, 1999.

Heilbronner Stimme „Für jeden gefällten Baum einen neuen", 28.9.1971.

Heilbronner Stimme vom 12.3.1993

Heilbronner Stimme, 17.10.1950, S.4.

Heilbronner Stimme, 9.12.1953, S.3.

Heilbronner Tagblatt, 28.5.1943, S.3.

Heim, Werner: „Bauleute stießen auf die Mauer des einstigen Klaraklosters". In: Heilbronner Stimme, 31.1.1964.

Heinrich, G.A.: Meine Reben. Meine Heimat. Mein Leben. Heilbronn, 2010, S. 123-125.

Hennze, Dr. Joachim: „Rückzug ins Grüne." In: Stadtgrün – Blumen – Parkanlagen, Heilbronn, 2019, S. 201-220.

Hennze, Dr. Joachim: 500 Jahre Weinberghaus in Heilbronn. Festschrift. Heilbronn, 2013.

Hennze, Dr. Joachim: Frankenbacher Denkmalsgeschichte. Heilbronn, 2008.

Heuß, Dr.: „Die städtische Kindermilchküche". In: Deutschlands Städtebau, Heilbronn a.N., Berlin, 1928, S. 84.

Heuss, Theodor: Aufbruch im Kaiserreich. Briefe 1892-1917, herausgegeben und bearbeitet von Frieder Gunther, München, 2009, S.66f.

Heuss, Theodor: Rede in Heilbronn, 16. September 1950, beim Richtfest des Rathauses auf dem Marktplatz; Stadtarchiv Heilbronn Signatur ZS 10743 Heuss, Theodor.

Heuss, Theodor: Rede vor dem Bundestag im Bundeshaus, Bonn 12. September 1949. In: Die Großen Reden – der Staatsmann, Tübingen, 1965, S. 88f.

Heuss, Theodor: Vorspiele des Lebens. Kindheits- und Jugenderinnerungen, Tübingen, 1953, S.55ff.

Hirschmann, Walter, Schlösser, Susanne: „Ein Denkmal wird wiederentdeckt: Die Öffnung des General-Wever-Turms auf der Theresienwiese zum Tag des offenen Denkmals 2000". In: heilbronnica2 – Beiträge zur Stadtgeschichte, Heilbronn, 2003, S.364.

Hofmann, Dr. Wilhelm: Aus der Geschichte des Heilbronner Klaraklosters. In: Historischer Verein Heilbronn 22. Veröffentlichung, Weinsberg, 1957, S. 75-87.

Holtwick, Bernd: Flexible Response. Der NATO-Doppelbeschluss und seine Umsetzung in Baden-Württemberg. In: Zerreißprobe Frieden. Baden-Württemberg und der NATO-Doppelbeschluss, Stuttgart, 2004, S. 8.

Homepage des Theodor-Heuss-Gymnasiums Heilbronn, URL: www.thg-heilbronn.de/index.php/das-thg/schulgeschichte, Abgerufen am 05.04.2022.

https://de.wikipedia.org/wiki/Fleischhaus_(Heilbronn). Abgerufen am 6.1.2022.

https://de.wikipedia.org/wiki/Heilbronner_Sortierung. Abgerufen am 6.1.2022.

https://de.wikipedia.org/wiki/Kilianskirche_(Heilbronn)#Heilbronner_Längenmaße. Abgerufen am 6.1.2022.

https://de.wikipedia.org/wiki/Mech._Schuhfabrik_Wolf_%26_Comp. Abgerufen am 6.1.2022.

https://de.wikipedia.org/wiki/Meter. Abgerufen am 6.1.2022.

https://ekbkf.de/kirchengemeinderat/kirche-biberach/. Abgerufen am 6.1.2022.

Insel-Hotel (Heilbronn). URL: https://dewiki.de/Lexikon/Insel-Hotel_(Heilbronn). Abgerufen am 10.5.2022.

Jacobi, Uwe, Frank, Wolfgang: „Bürgerentscheid durchgefallen". In: Heilbronner Stimme, 17.11.1969.

Jacobi, Uwe: „Museum der Technik" für Baden-Württemberg in Heilbronn? In: Heilbronner Stimme, 10.11.1978.

Jacobi, Uwe: Das war das 20. Jahrhundert in Heilbronn, Gudensberg-Gleichen, 2002, S. 59.

Jacobi, Uwe: Die 50er Jahre in Heilbronn und Region, Band II, Gudensberg-Gleichen, 2002, S.15.

Jacobi, Uwe: Für Technisches Museum. In: Heilbronner Stimme, 17.1.1979.

Jacobi, Uwe: Gremium „Technik-Museum" soll Vorschläge machen. In: Heilbronner Stimme, 16.11.1978.

Jacobi, Uwe: Verzweigte Flussarme neben Altstadt. URL: https://www.stimme.de/archiv/stadt-hn/top1-verzweigte-flussarme-neben-altstadt-art-662387#!. Abgerufen am 10.5.2022.

K.M.: „Das richtige Schoppele macht's..!". In: Neckar-Echo, 24.10.1962.

Kempf, Gerd, Schneider, Dagmar: Der Zug der Zehntausend. Bürgerprotest gegen Pershing-Raketen. In: Heilbronner Stimme, 4.2.1985, S. 17.

Kempf, Gerd: „Raketen-Debatte" im Heilbronner Gemeinderat. In: Heilbronner Stimme. 28.9.1983, S. 10.

Kempf, Gerd: „Zur Schulung von US-Soldaten an amerikanischen Raketen…". In: Heilbronner Stimme. 30.9.1983.

Kempf, Gerd: Ausbau der Spezialmuseen der Region fördern. In: Heilbronner Stimme, 7.7.1979.

Kempf, Gerd: Jung und Alt bei Waffenschau. Pershing-Rakete als Glanzstück. In: Heilbronner Stimme. 29.9.1983.

Kempf, Gerd: Nach dem Weltkrieg wurde „Exe" zur Waldheide. In: Heilbronner Stimme, 24.9.1983, S. 22.

Kempf, Gerd: Pershing-Unfall bringt tödliche Gewissheit. In: Heilbronner Stimme. 9. 1.2010.

Kempf, Gerd: Wie aus der alten Angerweide ein neuer Exerzierplatz wurde. In: Heilbronner Stimme, 22.9.1983.

Kempf, Gerd: Wie die Heilbronner kuschten und Weinsberg standhaft blieb. In: Heilbronner Stimme, 26.9.1983.

Kiosk am Industrieplatz, URL: https://www.diakonie-heilbronn.de/was-wir-bieten/unsere-abteilungen/mitternachtsmission/kiosk-am-industrieplatz.html. Abgerufen am 13.3.2022.

Kistner, Bärbel: „Anlaufstelle Kiosk am Industrieplatz". In: Heilbronner Stimme, URL: https://www.stimme.de/archiv/stadt-hn/hn/hn/anlaufstelle-kiosk-am-industrieplatz-art-3797691#!. Abgerufen am 13.3.2022.

Kistner, Bärbel: Der Klingenberger, der ein Horkheimer war. URL: https://www.stimme.de/archiv/stadt-hn/hn/sonstige-der-klingenberger-der-ein-horkheimer-war-art-3897548. Abgerufen am 15.4.2022.

Klemm, Alfred: „Die Geschichte der Steinmetzzeichen im allgemeinen und über die Heilbronner insbesondere.“ In: Historischer Verein Heilbronn, Bericht aus den Jahren 1889-90, Heilbronn, 1891, S.1-44.

Knauer, Nicolai Knauer und Hennze, Joachim: Das Deutschordensschloss Kirchhausen, Heilbronn-Kirchhausen, 2012.

Knauer, Nicolai, Hennze, Joachim: Das Deutschordensschloss Kirchhausen, Heilbronn-Kirchhausen, 2012.

Knauß, Eugen: Ein alter Stempel erzählt oder Von der einstigen Klingenberger Fähre. In: Unser Heimatort Klingenberg – Ein Streifzug durch die Geschichte des Stadtteils. Heilbronn-Klingenberg, 1973.

Knauß, Eugen: Vom alten Neckarübergang bei Klingenberg oder Als es in Klingenberg noch eine Fähre gab. In: Unser Heimatort Klingenberg – Ein Streifzug durch die Geschichte des Stadtteils. Heilbronn-Klingenberg, 1973.

Knorr, Alexander: Knorr Chronik 1838 bis 1959. Band I – 1838 bis 1938, Hamburg, 1959, S. 2.

Krauth, Kilian: „Ein Park zwischen Beton und Stacheldraht“. In: Heilbronner Stimme, 22.6.2012.

Krauth, Kilian: „Lachender Erdenwinkel“ aus dem Jahr 1513 wird wachgeküsst. In: Heilbronner Stimme, 30.12.1996.

Kultur. In: Heilbronner Stimme, 30.6.1994, S. 22.

Lambert, Siegfried: Heilbronner Siedlungen erinnern an US-Präsidenten. In: Heilbronner Stimme. 20.1.2009.

Lay: „Hufbeschlag-Metropole Heilbronn“. Neckar-Echo, 22.10.1965.

Lückmann, Rudolf: „Renovierung des Deutschordensmünsters in Heilbronn“. In: Das Deutschordensmünster St. Peter und Paul Heilbronn, Heilbronn, 1995, S. 11-28.

Mayer, Max Georg: „Entdeckungen während der Renovierungsarbeiten am Deutschordensmünster St. Peter und Paul in Heilbronn“. In: Das Deutschordensmünster St. Peter und Paul Heilbronn, Heilbronn, 1995, S. 29.

Mistele, Dr. Karl-Heinz: „Der Besitz des Klosters Kaisheim in Heilbronn – ein topographischer Versuch“. In: Historischer Verein Heilbronn, Heilbronn, 1966, S.73-80.

Museum der Technik: Faszinierende Idee! In: Heilbronner Stimme, 10.11.1978.

Neckar-Enz-Stellung, URL: https://de.wikipedia.org/wiki/Neckar-Enz-Stellung. Abgerufen am 12.2.2022.

Nikolaikirche Heilbronn. URL: https://de.wikipedia.org/wiki/Nikolaikirche_(Heilbronn) Abgerufen am 31.1.2022.

Pfau, Ludwig http://www.ludwig-pfau.de/index.php/ludwig-pfau/36-briefe/629-1890-01-30-an-anna-spier. Abgerufen am 13.1.2022.

Rösch, Roland: „Hier stinkt's!“ Heilbronner Latrinengeschichte von 1800 bis 1950. In: Kleine Schriftenreihe des Archivs der Stadt Heilbronn 59, Heilbronn, 2011, S. 151.

Sauter, Helmut: Mühlen als Wiege der Heilbronner Industrie. URL: https://jungeseniorenheilbronn.wordpress.com/2021/01/26/muhlen-als-wiege-der-heilbronner-industrie/. Abgerufen am 10.5.2022.

Schmitz, Alfried; Geschichte der Friedhöfe, https://www.planet-wissen.de/gesellschaft/tod_und_trauer/bestattungskultur/pwiegeschichtederfriedhoefe100.html. Abgerufen am 11.1.2022.

Schmolz, Dr. Helmut: Theodor Heuss „Ein Leben für das andere Deutschland“, Neckarwestheim 1995.

Schmolz, Helmut, Weckbach, Hubert: Heilbronn mit Böckingen, Neckargartach, Sontheim. Die alte Stadt in Wort und Bild. Weißenhorn, 1966, S.46f.

Schmolz, Helmut, Weckbach, Hubert: Heilbronn – Geschichte und Leben einer Stadt, Weißenhorn, 1973, S.36-37.

Schmolz, Helmut: „Reformation in Heilbronn – Historische Streiflichter“. In: Hans Riesser Johann Lachmann – 450 Jahre Reformation in Heilbronn, Ausstellung des Stadtarchivs Heilbronn, Heilbronn, 1980, S. 52-64.

Scholz, Andreas: Lebenselixier Essig, URL: https://www.pro-magin.de/lebenselexier-essig/. Abgerufen am 6.2.2022.

Schönberger, Hans: Das Nordtor des Römerkastells in Heilbronn-Böckingen. Sonderdruck aus Germania 38, o.O., 1960.

Schrenk, Christhard: Die 1950er Jahre in Heilbronn, Heilbronn, 2017, Seite 66-79.

Schwinghammer, Gerhard: „Tragödie in Stein.“ In: Heilbronner Stimme, 22.5.1974.

Slg: „Ernst Röger verstorben“. Heilbronner Stimme, 22.4.1986.

SLK-Kliniken – Überblick und Historie. URL: https://www.slk-kliniken.de/ueber-uns/historie. Abgerufen am 19.3.2022.

Speidel, Dr. Franz Willy: Heilbronn als Hafenstadt. In: Historischer Verein Heilbronn 20. Veröffentlichung, Weinsberg, 1951, S. 136-149.

Spengler, Günter: Nikolaikirche Heilbronn, Heilbronn, o.J., S.2,4.

Stadtarchiv Heilbronn Signatur 1955R.
Stadtarchiv Heilbronn Signatur 6826-B.
Stadtarchiv Heilbronn Signatur 743/1W.
Stadtarchiv Heilbronn Signatur 743/2W.
Stadtarchiv Heilbronn Signatur A003-3195.
Stadtarchiv Heilbronn Signatur A034-2528.
Stadtarchiv Heilbronn Signatur A34-3036.
Stadtarchiv Heilbronn Signatur B050-36.
Stadtarchiv Heilbronn Signatur B40A.
Stadtarchiv Heilbronn Signatur D079-97.
Stadtarchiv Heilbronn Signatur E20-F-400.
Stadtarchiv Heilbronn Signatur F001N-29140.
Stadtarchiv Heilbronn Signatur ZS-1525Sch.
Stadtarchiv Heilbronn Signatur ZS-575W.
Stadtarchiv Heilbronn Signatur ZS-7562X.
Stadtarchiv Heilbronn Signatur ZS-B533P.
Stadtarchiv Heilbronn, Signatur A034-2407.
Stadtarchiv Heilbronn, Signatur B039-189.
Stadtarchiv Heilbronn, Signatur B50-37.
Stadtarchiv Heilbronn, Signatur C003A-254
Stadtarchiv Heilbronn, Signatur C004-A.
Stadtarchiv Heilbronn, Signatur C-004A.
Stadtarchiv Heilbronn, Signatur C006A-314.
Stadtarchiv Heilbronn, Signatur D079-68.

Stadtarchiv Heilbronn: Kindermilchküche und Frauenmilchsammelstelle, Signatur B056-112, Abgerufen am 22.2.2022.

Stadtentwicklung und Stadtplanung in Heilbronn. URL: https://de.wikipedia.org/wiki/Stadtentwicklung_und_Stadtplanung_in_Heilbronn#Wiederaufbau_(1945-1969). Abgerufen am 31.1.2022.

Steffel, Georg: „Die rätselhaften Rillen". In: Archiv für Geschichte in Oberfranken, 2006, S.255-262.

Steinhilber, Wilhelm: Das Gesundheitswesen im alten Heilbronn 1281-1871, Heilbronn, 1956.

Streckenkommissar Major Steimle: Das Kastell Böckingen. Heidelberg, 1898.

Thunert, Werner: „An dicken Tauen: Mutter Germania und Wilhelm I". Heilbronner Stimme vom 18.8.1959

Titot, Heinrich: Heilbronner Chronic von 1841. Abschrift, gefertigt im August 1954 nach dem Original im Statistischen Landesamt in Stuttgart, S.12.

Tuffentsammer, Heinz: Heilbronns Mühlen – Industrielle Keimzellen. Heilbronn, 2000.

TZ: „Alte Hammerschmiede in Neckargartach". Heilbronner Tagblatt, 20.8.1938.

Wa: „Wer soll dann die Gäule b'schlage?". Stuttgarter Nachrichten, 16.2.1973.

Weber, Peter-Michael: Kunst mit Photographie, URL: http://www.pm-weber.de/html/kunstdorf.html. Abgerufen am 14.2.2022.

Werner, Uwe: „Museumsreif ist sogar der Stallgeruch". Heilbronner Stimme, 2.2.1988.

Wessolly, Lothar: Spektakulare Falle bei der Untersuchung der Sicherheit von Baumen, in ProBaum, Berlin, 1/2012, Seite 20-27.

Wetzrille, URL: https://de.wikipedia.org/wiki/Wetzrille. Abgerufen am 14.2.2022.

Wetzrillen, URL: http://www.umfragencenter.de/wetzrillen.html. Abgerufen am 14.2.2022.

Wiener Kongress. URL: https://de.wikipedia.org/wiki/Wiener_Kongress. Abgerufen am 31.1.2022.

Wikipedia: Nato-Doppelbeschluss, URL: https://de.wikipedia.org/wiki/NATO-Doppelbeschluss. Abgerufen am 29.1.2022.

Willhaus, Werner: Maschinenbau-Gesellschaft Heilbronn (MGH), Freiburg, 2000.

Wolfram Angerbauer, Hans Georg Frank: Jüdische Gemeinden in Kreis und Stadt Heilbronn, Schriftenreihe des Landkreises Heilbronn, Band 1, 1986 Landkreis Heilbronn. S.110-115.

Zimmermann, Willi, Schrenk, Christhard: Neue Forschungen zum Heilbronner Klarakloster, Heilbronn, 1993.

Zimmermann, Willi: Heilbronn und sein Neckar im Laufe der Geschichte. In: Historischer Verein Heilbronn 21. Veröffentlichung, Weinsberg, 1954, S. 5-52.

Zimmermann, Willi: Heilbronn. Der Neckar: Schicksalsfluß der Stadt. Heilbronn, 1985, S, 60-68, S. 162-163.

Zollingerdach. https://www.baunetzwissen.de/geneigtes-dach/fachwissen/dachtragwerke/zollingerdach-4958920. Abgerufen am 29.3.2022.

SIE WOLLEN NOCH MEHR ÜBER

WISSEN?

Hier gibt es sachkundige Informationen:

Thomas Bösch
Spaziergang durch das alte, aber auch moderne dynamische Heilbronn, getreu dem Motto „von allem ebbes" führt die Zeitreise durch mehr als 13 Jahrhunderte lebendige Geschichte.
E-Mail: thomasboesch58@gmail.com

Interessenkreis Heimatgeschichte Frankenbach
Der Interessenkreis erforscht die Geschichte des Ortes Frankenbach, sammelt Dokumente, Informationen aus der Bevölkerung, Fotos.
Informiert über die Geschichte des Ortes. Führungen, Vorträge.
Helga Schillinger
Maihaldenstr. 21
74078 Heilbronn
Telefon: 07131 / 44240
E-Mail: helga@schillinger.email
Das Archiv kann nach Absprache besucht werden.

Ev. Kilianskirche Heilbronn
Führungen (allgemein) und zu besonderen Themen nach Anmeldung im Pfarramt.
Kirchbrunnenstr. 32
74072 Heilbronn
Telefon: 07131 / 86869
E-Mail: Pfarramt.Heilbronn.Kilianskirche-2@elkw.de
Homepage:
www.Kilianskirche-heilbronn.de

Klingenberg durch Ort & Zeit
E-Mail: Kontakt@Klingenberg-lebt.de
Homepage: www. klingenberg-lebt.de

Bettina Kruck-Hampo
Stadtführerin, Reiseleitung und Autorin
Telefon: 0173 / 8432996
E-Mail: Bettina.Kruck-Hampo@gmx.de
Homepage:
www.StadtfuehrungenHeilbronn.de

Römermuseum Güglingen
Öffentliche, Themen- und Familienführungen, Vorträge, Workshops und Aktionen, Sonderausstellungen
Marktstraße 18,
74363 Güglingen
Telefon: 07135 / 9361123
E-Mail:
info@roemermuseum-gueglingen.de
Homepage:
www.roemermuseum-gueglingen.de

Ulrich Sauter
Stadt-, Fahrrad- oder Kanuführungen
Telefon: 0170 / 3404734
E-Mail: um.sauter@t-online.de

Stadtarchiv Heilbronn
Ausstellung „Heilbronn historisch! Menschen, Plätze, Geschichten"
1250 Jahre Stadtgeschichte – von der ersten Erwähnung bis in das Jahr 1989 – werden hier kompakt und anschaulich dargestellt.
Eichgasse 1
74072 Heilbronn
Telefon: 07131 / 56-2290

Edith Süßenbach
Diplom Stadtführerin Heilbronn
Heilbronn mit seiner historischen Vergangenheit, mit seinem kulturellen und sozialen Leben, die Industriegeschichte, die Stadt und der Wein, sowie unsere faszinierende Flusslandschaft der Neckar. Stadtführungen, Weinerlebnisführungen, Tour Begleitung, ganz nach den Wünschen meiner Gäste.
Telefon: 07131 / 485555
Fax : 07131 / 204854
Mobil: 0176 45701535
E-Mail: edith.suessenbach@t-online.de

Theodor Heuss Museum der Stadt Brackenheim
Obertorstraße 27,
74336 Brackenheim
Telefon: 07135 / 105 105
E-Mail: info@theodor-heuss-museum.de
Homepage:
www.theodor-heuss-museum.de

Tourist-Information Heilbronn
Verschiedene Touren zu den Sehenswürdigkeiten der Heilbronner Innenstadt. Spannende Infos zum alten und neuen Heilbronn mit seiner pulsierenden Neckarmeile.
Kaiserstr. 17
74072 Heilbronn
Telefon: 07131 / 561191
E-Mail: stadtfuehrungen@heilbronn-marketing.de
Homepage:
www.heilbronn.de/stadtfuehrungen

Untere Denkmalschutzbehörde Heilbronn
Cäcilienstr. 45
74072 Heilbronn
Telefon: 07131 56 2898
E-Mail: denkmalschutz@heilbronn.de
Bei Fragen und Anregungen zu Heilbronner Denkmalen wenden Sie sich an Dr. Joachim Hennze.

Weinsommmer auf dem Weingut
Die genauen Daten zum Weinsommer sind auf der Website hinterlegt.
Individuelle Weinproben nach Absprache möglich
Weingut G. A. Heinrich
Riedstr. 29
74076 Heilbronn
Telefon: 07131 / 175948
Mobil: 0173 / 512 3604
Homepage: www.weingut-heinrich.de

Publikationen:

De Gennaro, Enrico: Älteste Spuren. Die Alt- und Mittelsteinzeit im Heilbronner Land. Schriftenreihe des Römermuseums Güglingen, Band 3, Güglingen 2011

De Gennaro, Enrico: Führer durch das Römermuseum Güglingen und die Archäologische Freilichtanlage. Schriftenreihe des Römermuseums Güglingen, Band 1, Güglingen, 2010

Knauer, Nicolai: Die Burgen der Grafen von Lauffen im Neckartal, in Heilbronnica 5 (2013)Gretzschel, Dr., Matthias: Hamburg – Kleine Stadtgeschichte. Hamburg 2015

Knauer, Nicolai, Hennze, Joachim: Das Deutschordensschloss Kirchhausen Heilbronn 2012

Herausgeber Interessenkreis Heimatgeschichte Frankenbach: Frankenbach, früher und Gegenwart . 42 Seiten. 2009

Gedankenpflug . 52 Seiten . 2010
Fankenbach wie es früher einmal war. 26 Seiten. 2017

Theodor Heuss Museum der Stadt Brackenheim:

Katalog zur Ausstellung, Stadt Brackenheim, 2009

Broschüre zur Heuss-Statue von Karl-Henning Seemann, Stadt Brackenheim, 2014

Drei Reden über Theodor Heuss, Stadt Brackenheim, 1996

Haftungsausschluss

Trotz intensiven Austauschs mit unseren Gesprächspartnern, gewissenhafter Literaturrecherche und aufmerksamem Korrekturlesen erheben wir weder einen Anspruch auf Vollständigkeit noch auf Fehlerlosigkeit. Wir haben streng darauf geachtet, keine Urheberrechte zu verletzen, unsere Recherchen sind nach bestem Wissen und Gewissen erfolgt. Dennoch übernehmen wir keinerlei Gewähr für die Aktualität, Korrektheit oder Vollständigkeit der bereitgestellten Informationen. Haftungsansprüche gegen uns schließen wir grundsätzlich aus.